文繡瀚錦

商业周刊
特别推荐

没有好口才就做不好销售

MEIYOU HAOKOUCAI
JIU ZUOBUHAO XIAOSHOU

口才是销售人员梦想成真的基石。

拥有好口才，不愁商品销售不出；拥有好口才，不怕市场拓展不开。

齐敏/著

天津出版传媒集团
天津人民出版社

图书在版编目（CIP）数据

没有好口才就做不好销售/ 齐敏著. --天津 ：天津人民出版社, 2018.7

ISBN 978-7-201-13254-9

Ⅰ.①没… Ⅱ.①齐… Ⅲ.①销售－口才学－通俗读物 Ⅳ.①F713.3-49

中国版本图书馆 CIP 数据核字（2018）第 073493 号

没有好口才就做不好销售

MEIYOU HAOKOUCAI JIU ZUOBUHAO XIAOSHOU

出　　版　天津人民出版社
出 版 人　黄　沛
地　　址　天津市和平区西康路35号康岳大厦
邮　　编　300051
邮购电话　（022）23332469
网　　址　http://www. tjrmcbs. com
电子信箱　tjrmcbs@126.com

责任编辑　刘子伯
装帧设计　孙希前

印　　刷　香河县宏润印刷有限公司
经　　销　新华书店
开　　本　710×1000毫米　1/16
印　　张　15
字　　数　120千字
版次印次　2018年7月第1版　2018年7月第1次印刷
定　　价　39. 80元

前言 FOREWORD

著名推销大师戴尔·卡耐基曾说："一个人的成功，约有15%取决于知识和技术，另外的85%则取决于沟通——发表自己意见的能力和激发他人热忱的能力。"可以说，没有相应口才技能的人将无法适应这个飞速发展的时代，也很难在这个竞争激烈的社会中博取自己的一席之地。

对于销售人员来说，良好的口才就是成功的资本。那些需要经常接触客户的销售人员，如何练就一套有说服力的沟通话术，其意义更为重大。因为从本质上说，销售工作就是通过说服客户来达成交易，没有好的口才就干不好销售。如果销售人员欠缺相应的口才技巧，就无法与客户进行有效的沟通。

"交易的成功，往往是口才的产物。"这是美国超级销售大王弗兰克·贝特格销售生涯的经验总结。可以说，对于销售人员，哪里有声音，哪里就有力量；哪里有口才，哪里就有成功。

正所谓"三寸之舌，强于百万雄兵；一人之辩，重于九鼎之宝”。销售人员一旦具备了一流的口才，就能够顺利地约见客户，打开销售工作的局面；通过良好的沟通，就能够一步步地激发客户的购买欲，最终说服对方做出最后的购买决定；就能够妥当地处理好售后的相关工作以及对客户的情感维系。

口才的影响力将会伴随着销售工作的整个过程，而销售口才的好坏也将会在上述的每一个环节中起着关键作用，对销售的成败产生决定性的影响。因此，销售的成功在很大程度上归结为销售人员对口才技巧的发挥和运用。

可见，口才在销售中的重要地位是毋庸置疑的，拥有雄辩的口才是每一个人都梦寐以求的，同样这也是成为优秀销售员所必备的前提条件。

那么，我们究竟该怎么提升我们的口才技能呢？最好的办法是在日常生活中进行一点一滴的积累，去学习、去探索那些切实可行的沟通与口才技巧，平时多说，在实践中多练。

本书正是针对销售人员的这种口才上的现实需求，对相关领域内的知识进行了优化设计与重组，在内容编排与语言表达上也更适合销售人群的需要。

千里之行，始于足下。当你通过本书掌握了相应的口才理论与技能后，就需要在销售实战中去运用它，去不断地完善它，因为你的说话能力是能够通过不断实践而提高的。正所谓，日日行，千里不在话下；天天读，万卷亦非难事；时时练，你的口才能力才能日渐得以提升！

目录

CONTENTS

第一章　成功的销售来自一流口才

当今社会，人们开始越来越重视口才方面的知识与修养，越来越崇尚“知识确是财富，口才确是资本”的理念。现代社会早已不是那种“鸡犬声相闻，老死不相往来”的信息闭塞时代，而是高度信息化、知识化的社会，其中信息传递的一种最重要形式却是沟通与口语表达。

1. 成功销售离不开好口才

在这个万象杂陈的社会中，作为销售人员，最基本的日常工作确是要经常面对着形形色色的顾客，并时刻准备去应对各种各样的突发事件。

不论是与顾客的接触，还是对突发事件的处理，都离不开双方的有效沟通，而这种有效沟通恰恰是建立在销售人员出色的口才基础之上。

所以，销售人员需要具备一流的口才技巧。因为，在销售实践中，销售人员要面对的更多的是对自己所推销商品不甚了解的顾客，如果缺乏相应的推销口才技巧，那么很难吸引顾客的注意力、打开销售局面，也就更谈不上成功销售了。

一个经验不足的推销员，挎着一个小包走进了一家公司。进去之后，他径直走到最近的一张办公桌前，低声问道："小姐，财务部在哪里？"对方答道："在斜对面。"

过了一会儿，财务部的出纳走进来说："主管，来了个推销验钞机的，要不要？""不要，这种小商贩的东西不可靠。"

出纳离开后，推销员又走进了主管的办公室，大概知道是主管不同意购买，于是就踌躇着走到桌边，一时间竟忘了称呼，嗫嚅地说："要不要验钞机，买一个吧。"他几乎是在用乞求的语气说着。"我们不需要，就如此吧。"主管头也不抬地说。过了一会儿，一直没人理他，那位推销员自感无趣，碰了一鼻子灰，最后只好悄悄地退了出去。

看起来，这个推销员是让人同情的，但我们应该知道的是，市场不相信眼泪，更不会同情弱者。因为这个推销员的推销口才差不多没有任何技巧可言，平淡的话语很难让人对其人及其商品产生兴趣，所以拒绝他也是在情理之中的。

销售员要想成功地实现销售，一个至关重要的环节确是首先用自己的言谈来吸引客户的注意力，使客户对推销的对象产生兴趣，进而才有可能说服客户，并促使其最终做出购买的决定。

在推销的过程中，应该想方设法通过短暂的接触和谈话来博取对方的好感，也确是要充分展示自己的口才魅力，这是进行成功销售的一个必要前提。

日本著名推销之神原一平，在打开推销局面、取得客户的信任上，有一套独特有效的办法："先生，您好！""你是谁啊？""我是明治保险公司的原一平，今天我到贵地，有两件事专程请教您这位附近最有名的老板。""附近最有名的老板？""是啊！依据我调查的结果，大家都说这个问题最好请教您。""哦！大伙儿都说是我！真是不敢当，到底什么问题呢？""实不相瞒，确是怎么有效地规避税收和风险的事。""站着不方便，请进来说话吧！"忽然地推销，就像开始提及的那个推销人员，未免显得有点唐突，并且很容易招致对方的反感，从而招致了顾客的拒绝。

假如先适当地恭维客户一番，再依据自己的推销需要，提出相关的问题，就能够比较容易地获得对方的好感，那么，随后的推销过程就会顺利很多。从以上反正两个推销实例我们不难发现，销售口才的好坏与得当与否，在很大程度上左右着销售工作的成败。

在当今社会，一个人要想在与别人的交往中取得有利地位，获得成功，就离不开好口才，而销售工作尤其这样。在销售过程中，假如我们连话都说不清楚，词不达意，与客户沟通起来总是说不到客户心坎，难以打动对方，甚至让客户感觉别扭，那就根本谈不上销售的成功。

可以说，作为销售人员，口才的好坏直接关系到能否顺利将商品推销出去。好口才会让你的销售之路越走越平坦。

归根结底，销售工作的各个环节，都离不开口才的发挥。在现代社会，良好的口才是每一个有追求的销售人员所必须具备的一项基本本领。好口才是销售人员走向成功的关键和有力保证。

对于销售人员来说，要想赢得客户的喜欢，被客户接纳，就必须具备一定的交谈能力与说话艺术，只有如此，才能打开与客户沟通的大门，彼此的心灵才能产生共鸣，并为双方的交易关系搭起一座桥梁。

口才锤炼箴言

口才是一门综合的技术，更是一种艺术，销售人员要具备这门技术进行推销产品，律师要运用这门技术雄辩，政治家要用这门技术阐述自己的政见，教师和学生，演员和观众，无人不需要这门技术。口才是人们生活中应用最普遍而最难能可贵的技术，一个人学富五车，如果不会说话，在和人交流时就会难于应付，在无形中失去了自己的优势。

2. 好口才能够成功预约到客户

有销售经验的人都知道，前往客户处进行拜访，并不是一种理想的推销方式，并且它的成功率也不高。可是，假如能提前预约到客户，那就会极大地增强推销活动的针对性与成功率。

对销售人员来讲，一旦能让客户接受了你的推销“预约”，那么你就完成了推销的关键性工作，接下来确是怎么向客户介绍你的产品或服务了。

无数销售人员的成功经验表明，事先预约客户可以使推销工作变得更加容易。一旦你清楚地认识到预约客户的奥妙时，就不会再毫无目的地盲目奔走了，而是只需努力地做好预约工作，就可以实现目标了。

对客户进行预约的好处在于：

第一，能够节约双方的时间。预约不但节省了销售人员自己的时间，还节省了客户的时间。

第二，预约可以让客户产生这种想法：销售人员知道他们很忙，因此才特意预约他们。他们会认为这是销售人员在为他们着想，并且也是一种对他们的尊重。

因此，在具体的接触过程中，这类客户自然就会珍惜和销售人员在一起的时间，而且会更认真地听销售人员的推销。

在预约客户的过程中，销售人员需要掌握一定的语言技巧。假如预约的客户是你认识的，则好处理一些。假如对方是你不认识的，他通常会问：“你见我有什么事吗？”

你应该切记的是，这时可不是什么向客户推销的好机会，假如你说你想推销什么的话，那么很可能就会导致预约的失败。因为，在这时，你并不知道接电话的人是否需要你所推销的产品，因此正确的预约应该只是一次会谈。

因此，作为销售人员在给客户打预约电话时，要不断地提醒自己，千万不要谈生意。因为，此时的任务只有一项，那确是成功预约到客户。

艾伦曾通过电话预约一个名叫博格的客户。这是一个十分繁忙的商人。下面是艾伦和他的对话：艾伦："博格先生，我是鲍勃·艾伦，是理查德·弗兰克先生的朋友。您一定还记得他吧！"博格："是的。"

艾伦："博格先生，我是人寿保险推销员，弗兰克先生建议我应该结识您。我知道您很忙，我能在这个星期的某天去打扰您5分钟吗？"博格："你见我有何贵干？是想推销保险吗？几个星期前就有许多保险公司和我谈过了。"

艾伦："那也没关系，博格先生。假如我想向您推销什么，就算您看走眼了。明天早上9点，您能不能给我几分钟的时间呢？"博格："好吧。我9点半还有另一个约会。"艾伦："假如见面时间超过了5分钟，也算您看走眼了。"博格："好吧。你最好在9：15到。"艾伦："谢谢，我一定准时到达。"就如此，艾伦成功地预约到了商人博格。

当然，也有些成功的销售人员并不采用这种预约的方式来开展业务，可是只要客户向他们询问，他们都会在每星期那固定的几天给客户打电话，并且这几天的时间也是固定的。

换句话说，他们这也是一种预约。所以，对销售人员来讲，只要能让客户接受你推销的"预约"，你就已经完成了销售的一个关键环节，接下来确是怎么向客户介绍你的产品或服务了。

在实际的销售过程中，我们经常会遇到一些很难约见的客户。然而，正是这些难以求见的客户，一旦和他们完成了预约，他们就将会是最好的客户。只要你足够尊重他们，并把握住机会，他们一般是不会拒绝你的。

那么，在预约客户时需要注意哪些问题呢？以下确是和那些难以求见的客户打交道的行之有效的预约时间的语言技巧。

技巧一："约翰逊先生，什么时间见您最好呢？是早上还是下午？或是这个星期的什么时间？"技巧二："这个星期由您安排时间，我们一起吃午饭好吗？12点或12点半都行。"技巧三：假如客户的时间真的很紧，但又真的想见你的话，你可以如此问："您今天进城有车吗？"假如他说没有，你可以用自己的车去送他，还可以趁机向他解释："如此的话，我们就可以有几分钟在一起了。"技巧四：假如预约的时间提前太多的话，你将会发现许多客户会设法在预订下来的某个固定时间和你见面。

例如，当你在本周五早上制订下一周的工作打算时，不妨先给一个客户打电话说："您好，我下星期三会到您的邻居家去，我可以去拜访您吗？"当对方同意后，你就可以和他定下具体的时间。

口才锤炼箴言

销售人员成功搜集到准客户的资料之后就开始预约客户，成功预约客户才能走近客户，进而走向销售成功。一旦能让客户接受了你的推销"预约"，那么你就完成了推销的关键性工作，接下来确是怎么向客户介绍你的产品或服务了。销售人员在约见客户时，也需掌握一定的方法和技巧，充分尊重客户的意愿，以便取得与客户的长期合作。

3. 赞美客户能够打开推销局面

相信几乎每一个推销员都曾经遭遇过客户的冷遇，吃过闭门羹，特别是在对客户进行陌生拜访时就更是这样。而客户之因此如此，大多是出于他们的疑虑和反感——有的是对销售人员的疑虑和反感，有的是对产品的疑虑和反感。

怎么消除客户的疑虑和反感，是决定销售工作能否顺利进行的一个关键。这时，假如销售人员有杰出的口才，就有助于消除客户的疑虑，促进交易的成功。

那么，怎么才能化解客户的疑虑和反感呢？一种有效的方式就是真诚地赞美客户。赞美是增进双方之间情感交流的催化剂，假如销售人员能以真诚的语言表达对客户的赞美的话，就会马上拉近和客户之间的距离。

弗兰克先生是美国最著名的保险推销员之一，在一次对陌生客户的拜访中，他确是采用这种赞美的方式，使一位对推销员极其反感的先生改变了对他的看法，并且后来他们还成为好朋友。

当弗兰克第一次前去拜访他时，开始也遇到了同样的冷遇，可是最终他取得了成功。在那次推销的过程中，弗兰克是如此与对方进行交流的。

弗兰克 :“吉姆先生您好，我是保险公司的推销员弗兰克，您认识沃克先生吗？就是他介绍我来的。”话毕，弗兰克把有沃克先生亲笔签名的名片递给了吉姆先生。吉姆先生看上去同样是满脸的冰霜，他瞥了一眼那张名片，扔在桌子上，嘟囔着说 :“又是一个推销员。”

弗兰克说：“是的……”在他还没有来得及进一步说明情况时，吉姆先生就已经打断了他：“你已经是今天第10个推销员了。我还有很多事情要做，不能花时间听你们这些推销员的话，不要再做无用功了，我没有时间。”

弗兰克：“我只打搅您一会儿，请允许我作个自我介绍吧。我这次来，只是想和您约一下明天的时间，假如不行的话，再晚些时候也行。您看是上午还是下午？我只需要20分钟就够了。”

吉姆：“我已经说过了，我根本没有时间。”弗兰克用了整整一分钟，仔细地看着放在地板上的产品，问道：“您的工厂是生产这些东西吗？”吉姆：“是的。”弗兰克：“您从事这一行有多长时间了？”

吉姆：“哦，有20多年了。”弗兰克：“您是怎么开始干这一行的？”吉姆先生仰身靠在椅背上，态度忽然变得亲切地说：“这说起来话就长了。我17岁那年就到一家工厂打工，在那儿没日没夜地干了10年。后来，我就开了如今这家公司。”

弗兰克：“您是在这儿出生的吗？”吉姆：“不，我出生在瑞士。”弗兰克：“那您肯定是在年龄很小时就离开家了？”吉姆：“是的，我离开家时只有14岁，曾在德国待了一段时间。后来，我才来到美国的。”弗兰克：“那您肯定是带了大笔的资金，来这里开拓事业的。”

吉姆先生微笑着说：“我是从300美元起家的。干到如今，已经有了300万美元。”弗兰克：“看看您这些产品的生产过程，肯定是很有意思的事。”

吉姆先生站起身来，走到弗兰克身边说：“不错！我们的确为自己的产品感到骄傲。我相信，这些产品在市场上是最好的。你愿不愿意去工厂，看看这些东西是如何生产出来的？”弗兰克：“假如您愿意的话，我确实很高兴。”

接着，吉姆先生像老朋友一样将手搭在弗兰克肩膀上，陪着他一起去参观工厂……确是如此，弗兰克在第一次和吉姆先生见面时，并没有向他卖出任何保险，而是对他的事业表现出极大的兴趣，并对他的创业经历给予了真诚的赞美，从而为双方的沟通打开了局面，并由此赢得了吉姆先生的好感与信任。

可是从那以后的十几年的时间里，弗兰克向吉姆先生卖了将近20份保险，还向他的儿子们卖出了6份。弗兰克不仅赚了钱，还和他成了好朋友。

乔治·伊斯曼因发明了感光胶卷而使电影得以产生，他积累了一笔高达1亿美元的财产，从而使自己成为世界上最有名望的商人之一。

伊斯曼曾经在曼彻斯特建过一所伊斯曼音乐学校。同时，为了纪念他母亲，还盖过一个著名戏院。当时，纽约高级座椅公司的总裁亚当森想得到这两幢大楼的座椅订货生意。他同负责大楼工程的建筑师通了电话，约定拜见伊斯曼先生。

在见伊斯曼之前，那位好心的建筑师向亚当森提出忠告：“我知道你想争取到这笔生意，但我不妨先告诉你，如果你占用的时间超过了5分钟，那你就一点希望也没有了，他是说到做到的，他很忙，所以你得抓紧时间把事情讲完就走。”

亚当森被领进伊斯曼的办公室，伊斯曼正伏案处理一堆文件。

过了一会儿，伊斯曼抬起头来，说道：“早上好！先生，有事吗？”

建筑师先为他俩彼此作了引见，然后，亚当森满脸诚意地说：“伊斯曼先生，在恭候您的时候，我一直很羡慕您的办公室，假如我自己能有这样一间办公室，那么即使工作辛劳一点我也不会在乎的。您知道，我从事的业务是房子内部的木建工作，我一生还没有见过比这更漂亮的办公室呢。”

伊斯曼回答说：“您提醒我记起了一样差点儿已经遗忘的东西，这间办公室很漂亮，是吧？当初刚建好的时候我对它也是极为欣赏。可如今，我每来这儿时总是盘算着许多别的事情，有时甚至一连几个星期都顾不上好好看这房间一眼。”

亚当森走过去，用手来回抚摩着一块镶板，那神情就如同抚摩一件心爱之物，“这是用英国的栎木做的，对吗？英国栎木的组织和意大利栎木的组织就是有点儿不一样。”

伊斯曼答道：“不错，这是从英国进口的栎木，是一位专门同细木工打交道的朋友为我挑选的。”

接下来，伊斯曼带亚当森参观了那间屋子的每一个角落，他把自己参与建造的部分一一指给亚当森看。他还打开一只带锁的箱子，从里面拿出他的第一卷胶片，向亚当森讲述他早年创业时的奋斗历程。

伊斯曼情真意切地说到了小时候家中一贫如洗的惨状，说到了母亲的辛劳，说到了那时想创业的愿望，讲了怎样没日没夜地在办公室搞实验等。

“我最后一次去日本的时候买了几把椅子运回家中，放在玻璃日光室里。可阳光使之退了色，所以有一天我进城买了一点漆，回来后自己动手把那几把椅子重新油漆了一遍。你想看看我漆椅子这活干得怎么样吗？请上我家去，咱们共进午餐，饭后我再给你看。”

当伊斯曼说这话的时候他俩已经谈了两个多小时了。吃罢午饭，伊斯曼先生给亚当森看了那几把椅子，每把椅子的价值最多只有 1.5 美元，但伊斯曼却为它们感到自豪，因为这是他亲自动手油漆的。对伊斯曼如此引以为荣的东西，亚当森自然是大加赞赏。最后，亚当森轻而易举地取得了那两幢楼的座椅生意。

赞扬是销售沟通能力中一个非常重要的指标和技能。就像这个案例中的亚当森，当他得到伊斯曼有两幢大楼的座椅订货生意时，就直接约见伊斯曼先生，在未见到他本人时就被告知："如果你占用的时间超过了 5 分钟，那你就一点希望也没有了。"通过这个信息，亚当森知道如果自己见面就谈生意，结果肯定是失败，于是他决定改变策略。

在见到伊斯曼之后，他第一句话就是"我一生还没有见过比这更漂亮的办公室呢"，这是一个典型的右脑策略，通过赞扬潜在客户获得对方的好感。果然，伊斯曼先生的态度比想象的要好很多。

接下来，在亚当森参观伊斯曼办公室的过程中，他不断地表现自己的专业素质，使伊斯曼相信自己是个绝对的内行，逐步树立起专家的形象，获得了潜在客户进一步的好感和信任。

最后他们还去了伊斯曼的家里共进午餐，亚当森对伊斯曼引以为傲的东西都大加赞赏一番，让双方的关系进一步加深。最终，亚当森取得那两幢楼的座椅生意也就是水到渠成的事情了。

可见，销售员要想拿下类似难对付的大客户，就一定要掌握赞扬的技巧，先让客户建立起信任感，这样才能顺利成交。当然，销售员在使用赞扬技巧的时候一定要注意两点：一是要真诚，二是要有事实依据，这样才会使赞扬恰到好处，取得最佳效果。

口才锤炼箴言

世界上最华丽的语言就是对他人的赞美，适度的赞美不但可以拉近人与人之间的距离，更加能够打开一个人的心扉。作为一名销售，能否站在客户的角度上思考问题是衡量一名销售是否成功的关键。既然客户需要赞美，我们又何必吝啬我们的语言呢？因为我们的赞美是不需要增加任何成本的销售方式。

4. 完美语言能够激起购买欲望

随着市场上的商品越来越丰富，竞争越来越激烈，客户也变得越来越理智，说服他们去购买产品的难度也越来越大。但我们应该知道的是，这个世界上本来就没有好办的事，但也没有办不成的事。

严峻的市场现实，对广大销售人员来说，不仅仅只是一种挑战，并且更是一种机遇。因为，机遇永远只会垂青于那些有准备的人，但问题的关键是，对此，你准备好了吗？

销售是一项极具挑战性的工作，它要求从业人员要依据市场的变化及客户消费心理的变化，不断地对自己的销售策略与沟通技巧进行优化调整。

必须承认的是如今的客户正变得越来越理智，他们不会轻易地掏出自己的钱包，可是我们应该知道，假如能够在销售用语上多花费一些心思，有时真的能够起到意想不到的效果，能够将“一盘死棋”彻底盘活，这种逆转，从以下的案例中可见一斑。

美国新泽西州的一对老夫妇准备卖掉他们的房子，他们委托一家房地产经纪公司承销。这家经纪公司为这栋房子在报纸上刊登了一个广告，广告的内容很简短：“出售住宅一套，有6个房间，壁炉、车库、浴室一应俱全，交通非常方便。”可是，广告刊出一个多月后仍然无人问津。

无奈之下，那对老夫妇只好又登了一次广告，这次他们亲自撰写了广告词：“住在这所房里，我们感到十分幸福。只是由于两个卧室不够用，我们才决定搬家。假如您喜欢在春天呼吸湿润新鲜的空气，假如您喜欢夏天庭院里绿树成荫，假如您喜欢在秋天一边欣赏音乐一边透过宽敞的落地窗极目远望，假如您喜欢在冬天的傍晚全家人守着温暖的壁炉喝咖啡，那么请您购买我们的这所房子，我们也只想把房子卖给如此的人。”

结果，这则广告刊出还不到一个星期，房子就卖出去了。这对老夫妇最终成功地推销了他们的老房子，发生这种逆转的关键在于他们那更富煽动性、更具吸引力的销售广告语言。

因为，他们的推销语言中不仅含有商品的信息，同时也运用了更具艺术性的语言将相关信息表述得更加新颖，更有针对性，从而增强信息刺激的力度，加速了客户将购买意图转化为购买行为的进程。

无数的成功销售实践一再证明，拥有那种能够很好地抓住客户心理弱点的口才，是促使销售成功的一个关键前提。它完全能够使已经陷入僵局的销售工作取得重大突破。

中国台湾某著名电脑公司推销员阿信曾经苦闷极了，他在推销电脑的过程中几乎绞尽了脑汁，去介绍产品的性能怎么怎么好，但客户们似乎都没有兴趣。电脑推销不出去，他对自己也越来越没有信心，于是心灰意冷地走进一家餐厅，闷闷不乐地自斟自饮。

坐在他邻桌的是一位太太和她的两个小孩，他们正在吃午餐，那个男孩胖乎乎的，什么都吃，长得很结实；那个瘦弱的少女却紧皱着眉头，举着筷子将盘子里的菜翻来拨去，却不吃。

那位太太有些着急，轻声开导小少女："别挑食，要多吃些蔬菜，不注意营养如何能行呢？"如此一连说了几遍，但小少女仍将嘴巴撅得老高，依然不肯吃。这位太太渐渐失去了耐心，不断地用手指敲桌面，怒容满面。

看到这种情景，阿信喃喃自语："这位太太的蔬菜跟我的电脑一样，'推销'不出去了……"正想着，一位年轻服务员走近了那个小少女，贴着她的耳朵悄悄说了几句话。让人感到意外的是，听了服务员的话后，那少女立即就大口大口地吃了起来，边吃边看那个男孩一眼。

那位太太很惊奇，就把服务员拉到一边问道："你用了什么方法，让我那犟丫头听话？"服务员微笑着说："马不想喝水的时候，随你死拉活拽它也不会靠近水槽，要想让它喝水，得先让它吃些盐，它口渴了，你再牵它去喝水，它就会乖乖地跟你走。太太，不瞒您说，您经常带小孩来吃饭，我也经常看到小男孩欺负小少女。我刚才激妹妹说：哥哥不是老欺负你吗？吃了蔬菜，长得比他更胖，更有力气，看他还敢打你吗？"

旁观的阿信听后暗暗叫绝："太妙了，自己的电脑推销不也是这种道理吗！"有了这种想法后，他马上对自己失败的推销经历进行了反思，找出了其症结所在，并对自己下一步的推销工作进行了优化调整，随后便开始了行动。

翌日，他敲开一家公司采购部负责人的办公室，这公司他以前曾经来过多次，但都没能成功。这一次，阿信不再滔滔不绝地讲述产品性能，而是微笑着问："先生，我不想多说我的产品，我只想问贵公司目前最关心的是什么？贵公司目前为什么事而烦恼？"

对方叹了口气："承蒙您这么关心，我就直说了吧，我们最头痛的问题，是怎么减少存货，怎么提高利润，您的产品我们确实没兴趣呀。"阿信却没有说什么，立即回到电脑公司，请专家设计了一整套方案：怎么使用自己公司的电脑，使公司存货减少，利润增加。

当阿信再度去拜访这个公司采购部负责人时，边出示那套方案，边热情介绍："先生，请您看一下这套方案，希望能够减轻您的烦恼。"采购部负责人将信将疑翻开那些资料，越看越高兴："先生，你的策划方案太好了！请将资料留下，我要向上级报告，我们肯定会向你订购电脑的。"

后来，他们果真向阿信订了一大批货。阿信的这种销售经历，真可谓是"山重水复疑无路，柳暗花明又一村"。

人们只有在真心喜欢一件商品，并且真的需要这种商品时，才会心甘情愿地购买，而喜欢的基础便是好奇心与兴趣，是购买的欲望。

正由于此，那些成功的销售人员总是善于从这个突破口入手，用自己巧舌如簧的口才去激发顾客的购买欲望。

在20世纪60年代，美国有一位著名的推销员乔·格兰德尔，由于他经常在推销的过程中施展一些小招数，而被人们称为"花招先生”。

他在拜访客户时，通常会把一个3分钟的蛋形计时器放在客户的桌上，在客户表现出惊奇的表情后，再对他们说：“请您给我3分钟，3分钟一过，假如您不再需要我继续讲下去，我就马上离开。”就如此，客户就被他的这种离奇的言行吸引住了。

此外，他还会利用各式各样的招数，让自己有足够的时间来向客户推销，并让对方对他所销售的产品产生兴趣。

“太太，您可知道世界上最懒的东西是什么？”客户摇摇头，表示不知道。“是您存放起来不花的钱，它们本来可以用来购买空调，让您度过一个凉爽的夏天。”

格兰德尔说。他确是如此通过制造一些悬念，来激起对方的好奇心，随后再顺水推舟地来推介自己的商品。格兰德尔的这种利用口才销售的方式，到后来逐渐的发展成为了一种有效的推销模式，其基本特征如下。

（1）在与顾客见面时进行恰当的提问。

“您想知道，能够使你的营业额提高50%的办法吗？”关于这种问题，相信大部分的人都会回答有兴趣。当顾客被这种问题吸引并为之所动时，销售人员就应该马上然后说：“我只占用您大概10分钟的时间来向您介绍这种办法，当您听完后，您完全可以自己判断这种办法是不是适合您。”

在这种情况下，由于销售人员已经提前告知了客户，不会占用其太多的时间，并且同时又让顾客明白了，在销售的过程中主动权是掌握在他们手中。如此就有效地消除了顾客的抵触心理，从而使得销售活动进一步向前发展。

（2）好口才能掌握推销的主动权。

在与顾客接触的过程中，好的销售人员是不能够让顾客感到你是在强迫他们购买的，也就是要让他们认为主动权是在他们手中的，可是销售人员也必须掌握好一个度，即用你的言谈来引导顾客的思路。

作为一个成功的推销员，就必须要让顾客的思想跟着你走。假如达不到这种程度，就不能将局面引向对自己有利的方面。如此下去的话，销售工作也就很难取得成功。

因此在与顾客沟通的过程中必须掌握主动权，而掌握主动权的关键又在于你的销售口才。大量的销售实践证明，巧妙有效的语言表达，完全可以使本来极不利于自己的形势发生逆转。

一个推销员是如此开始与顾客沟通的："哦，好可爱的小狗，是英国的金毛犬吧？"顾客看到对方说话很友善，又在夸赞自己的小狗，心里很高兴，于是回答说："是的。"推销员然后又说："这狗毛色真好，您一定经常给它洗澡，很累吧？"顾客笑嘻嘻地答道："是啊，不过它也算是我的伴，也给我的生活增添了不少快乐，习惯了，也就不觉得累了。"

推销员进一步分析说："人不能太孤独，总得有个陪伴，养犬是调节精神、有利身心健康的活动，我觉得应该大力提倡。"顾客听了推销员的话，心中感觉很舒服。于是，就和推销员攀谈了起来。而推销员也就抓住这个机会，并适时转换话题，来巧妙地推介自己的产品。如此情况下的销售，成功的概率也就比较大了。

所以，销售人员在接近顾客时，假如找到容易被顾客接受的话题，尤其是一些对方感兴趣的话题，就很容易与对方攀谈起来，并将商品适时销售出去，这也是推销成功的一种屡试不爽的最基本办法。

（3）好口才能赢取顾客的信任。

好口才并不代表一定要口若悬河，并不是要具有把死人说活了的本事。一个优秀的推销员，在面对顾客时，会依据对方的脾气、性格，准确揣摩顾客的心理，抓住顾客的弱点，因人、因情况来展开自己的推销活动，准确地使用推销语言，而非使用一些让人难以置信的言辞。准确抓住顾客的心理需求，言简意赅地介绍商品的性能、用途、质地以及维修、保养等知识，也许并不需要太多的、精彩的语言，就能够真正赢得顾客的信赖。

有一位推销员到乡村去推销电饭锅。当时农村大多用的依然原始的锅烧火煮饭，根本就不知道电饭锅是什么。

只见这位推销员走进一家炊烟袅袅的农家，在厨房里一边帮主人烧火，一边感慨道："要是做饭不用烧火该多好啊！"主妇笑了起来："天下哪有这种好事啊，再说我们祖祖辈辈都是这么做饭的。""有啊，"推销员看时机成熟了，就拿着电饭锅说，"我这口锅煮饭就不用烧柴，你不信的话，咱们可以试试看。"说完他便忙着放水，下米，插电源。

同时向主妇解释其原理及使用的办法。饭煮好后，主妇一尝，不烂不糊，味道很好。推销员于是乘机说："更妙的是，用这种锅煮饭的时候你不用在一直在旁边看着，可以休息或干些别的事情。"

主妇做梦也没有想到竟然还有这种好用又方便的东西，于是这位早就想从繁忙的厨房事务中解脱出来的主妇，当即就决定买下了一台电饭锅，而且还跑到她的左邻右舍那去介绍，做了义务推销员。

口才锤炼箴言

一名出色的销售人员一定有出色的口才。有了出色的口才，才能够让客户感受到你的魅力，才乐意购买你的产品。好的口才能够充分展示一个销售人员的个人魅力，同时也给自己的顾客带来愉悦的享受。激发顾客的兴趣，刺激其购买欲望，就要讲究语言的艺术。向客户展示你的语言魅力。

5. 销售要说服顾客做出购买决定

在实际操作中，影响销售成功的一个重要因素便是疑虑，有的是对销售人员的疑虑，有的是对产品的疑虑，顾客对销售人员的疑虑还比较好处理，假如顾客是对产品心存芥蒂，假如销售人员处理不好的话，那么前面的所有努力就白费了。而顾客的疑虑是否能够得到恰当的处理，与销售人员的口才好坏有着密切的关系。

一个推销员在向顾客推销煤气灶，而且在经过一番相对较为成功的宣传、解释后，顾客也产生了明显的购买意向。可是在最后最关键的一瞬间，顾客却又变了卦，对产品提出了疑问。

顾客说："你卖的煤气灶 350 元一个，太贵了。"推销员听了后，稍微考虑了一下，马上镇定地说："350 元也许是贵了一点儿。您的意思是说，这种煤气灶点火不方便，火力不够大，煤气浪费多，恐怕用不长，是不是？"

推销员如此说，等于首先承认了顾客的观点，如此比较容易获得对方的好感，接着再把对方的抽象的立场转换成具体的有关商品本身的性能问题，因为这些是可以检验的。

同时，商品的价格高低，只有与商品的性能联系在一起，才有客观的标准，否则，何以为贵贱呢？顾客然后说："……点火还算方便，但我看可能会消耗很多煤气。"从顾客的话里可以看出，他的拒绝已从"价钱太贵"，缩小到"煤气消耗太多"的问题上了。

看到了顾客的这种心理变化后，推销员又趁热打铁地进一步解释说："任何一个用煤气灶的人，都希望能用最少的气，办最多的事。所以，您的担心是有道理的。可是，您要知道的是这种煤气灶在设计上就已经充分考虑到顾客的要求。您看，这个开关确是用来调节煤气流量的，大小可以自由调节；这个喷嘴的构造也相当特殊，能够使火苗的大小较为平均；特别是喷嘴周围还装了一个燃料节省器，以防热量外泄和火苗被风吹灭。所以，我看这种煤气灶比您家如今用的旧式煤气炉要节约许多煤气。您也是如此想的吗？"

推销员针对顾客"煤气消耗多"这一疑虑，用事实作了澄清，说得清楚、具体，很容易就能让顾客明白、理解。听了推销员的耐心介绍，顾客也觉得很有道理，于是点头不语。

看到顾客有些心动了，该推销员又立即然后问："您看还有没有其他的顾虑呢？"顾客的疑虑全打消了，便再也说不出拒绝购买的理由了，随即说道："看来这种煤气灶的性能依然不错的，那我就要一个吧！"由于销售人员注意用事实来说服顾客，并有效地消除了顾客的顾虑，最终促成了这笔交易。

在销售过程中，经常会出现一些意想不到的情况，它们很可能会打乱谋划已久的打算，这种“打算赶不上变化”的突如其来的情况常常使人陷入一种尴尬的困窘。

这种情况，恰恰是用来考验销售人员的应变能力，特别是口才应变能力的一个大好时机。关于一些意外情况，那些具备随机应变口才能力的销售人员，往往经过巧妙的三言两语，就能够有效地化险为夷。

有个推销员当着一大群顾客的面，推销一种不易破碎的钢化玻璃杯。开始他先是向顾客进行商品介绍，然后又开始示范表演，就是把一只钢化玻璃杯扔到地上而不碎，以此来证明这种杯子的良好质量。

可是，意想不到的情况出现了，他拿出的恰巧是一只质量不合格的杯子，猛地一摔，可想而知，玻璃杯“砰”的一声碎了。如此的异常情况在他的推销生涯中还真是前所未有的，真是始料未及，他自己也感到尴尬不已，心想这不等于是在自己打自己的嘴巴吗。而顾客们更是目瞪口呆，有的还借机起哄。

面对这样尴尬的局面，这位富有经验的推销员在经过了短暂的心理波动后，立即镇定了下来，对顾客笑了笑，用沉着而富于幽默的语气说：“你们看，像如此的杯子我是绝不会卖给你们的。”大家一听，都轻松地笑了起来，气氛也变得活跃了。

然后，推销员乘机又摔了几个质量合格的杯子，结果都没有破碎，因而也就赢得了顾客的信任。而经过这几次“成功”的实验，顾客们对开始的那次“失误”，都以为是事先准备好的，只不过是用来吊大家的胃口而已。于是，大家开始争相购买这种神奇的玻璃杯。

试想，假如那位推销员在面对尴尬局面时，目瞪口呆，不知所措，那么其最终的结果是不难设想的。而在上述事例中，我们说正是那位推销员的随机应变的口才扭转了销售工作的局面。

归根结底，销售的过程也就是销售人员“说服”顾客的过程，一个称职的推销员应该在与顾客沟通的过程中，消除顾客心里的一个又一个疑虑，最终说服他们做出购买的决定。这个“说服”过程的长短乃至成功与否，直接取决于推销员的口才技巧与说话艺术。

哈罗德是一个成功的服装推销员，他专门面向高端顾客推销男士高级服装。哈罗德的推销对象一般都是一些有较高社会地位的人。

所以，他为自己设计了如此的开场白：“我到这里是想能成为您的服装供应商。我知道，假如您从我这里买服装的话，您肯定是因为信任我，信任我的公司和我的产品。我希望您能对我有信心，首先我想向您先简单地介绍一下我自己。我做这份工作有几年时间了，在这之前我上过大学，专业确是时装设计，也学过纺织，我相信自己不会比别人差，尤其是在帮助您挑选适合您的服装时不会比别人逊色。我们的公司已经有 30 多年的历史了，我们拥有自己的商店。自从开业以来，公司的业务量以每年 20% 的增长速度在扩展，并且大部分的销售额都来自回头客。我们愿意为顾客提供所需要的各式服装，并且一直努力希望成为本行业的佼佼者。当然我们是否是最好，就取决于您和其他顾客的判断了。我保证，只要您给我一点信心，看到我的产品，就会发现我们真的很棒。我公司生产职业套装、运动套装、休闲服饰、轻便大衣和家居服装等，只要是您需要的，我们都能生产。我们可以为您定做您喜欢的样式，所有服装都出自于我们自己的工厂。您不可能从别人那儿买到像我们如此做工精细，而且价钱这样公道的服装。当然，您可以买更昂贵的服装，也可以买更廉价的服装，可是您付出同样的价格从我公司购买时，您会得到更棒的产品，这也正是本公司最具竞争实力的优势。先生，您认为怎么呢？”

哈罗德采取这种介绍方式已经许久了，并且也收到了十分好的效果。在推销过程中通过恰当得体的自我介绍来说服顾客听下去，来建立信任，并在建立信任的过程中进行推销。

有一次哈罗德向一位律师推销西服，在哈罗德告诉他价格之前，他一直盯着其中的两套看。想了一会儿，他问哈罗德："这两套多少钱？”当哈罗德报出价钱后，他就不再说话了。

依据多年的销售经验，哈罗德知道他是觉得贵了。哈罗德明白除非他能赢得对方的信任并能摆出理由让其相信，这两套西服物有所值，不然的话这笔交易就很难完成了。

这时，哈罗德注意到停车场里的新凯迪拉克汽车（出入证上说明那是这位律师的车），便装出一副神秘的样子问他："我能问您一个问题吗？”“问吧。”他回答说。“您开的什么车？”“哦，我有辆凯迪拉克。”“那在这辆凯迪拉克前，您开什么车？”

“也是辆凯迪拉克。”“在您开凯迪拉克前，您还开过什么牌子的车？”“那是辆雪铁龙。”“您记不记得，当您从雪铁龙换到凯迪拉克时对价钱是不是也很关心呢？”他很快就理解了哈罗德的用意所在，说："我明白了。”那时，价钱也就不再是个问题了，而他一下子就买了那两套西服。

假如一个平常在服装上花钱很少的顾客抱怨哈罗德产品的价格时，哈罗德也会说："先生，我知道您觉得比您平时多付这100多美元是不是值得，我理解您的心情，但我相信，一旦您穿上我们生产的西服，您一定会觉得比以前更出色。我可以向您证明一下您该信任我的产品，我愿意给您一个试穿的机会。如此好吗？在 30 天左右您可以拿到西服，接着还有 60 天的试穿时间，假如您觉得不值，可以随时把我叫过来，我会把那 100 多美元还给您。如此，您就不必比平常花的钱多了。”

这种做法也给哈罗德带来了不少成功的买卖，并且还从未有人 60 天后向哈罗德要钱，他们的反应通常是：“好，我想我该相信您……”或者别的相同意思的话。因此，我们说销售的过程确是一个说服的过程，销售现场也是销售人员口才水平的一个试金场所，销售人员口才水平的高低直接左右着销售活动的发展方向。

口才锤炼箴言

推销其实就是推销感情，让顾客从心里接受你。真诚打动顾客心，用心拓展客户关系，你的推销就一定能被顾客接受。美国著名销售专家托德·邓肯说：“一段客户关系要想表面看上去正常，首先里面必须是正确的。”

6. 善于引导才助你“步步为赢”

开始销售前了解顾客的需求非常重要。只有了解了顾客的需求后，销售员才可以根据需求的类别和大小判定眼前的顾客是不是潜在顾客，值不值得销售。如果不是自己的潜在顾客，就应该考虑是否还有必要再谈下去。不了解顾客的需求，好比在黑暗中走路，既白费力气又看不到结果。

想要弄清楚顾客想选购什么电器，销售员可以通过向顾客直接提问或者用“二选一”法进行提问，循序渐进地逐步引导顾客说出想选购什么类型的电器。

潜能大师安东尼·罗宾说过：“对成功者与不成功者最主要的判断依据是什么呢？一言以蔽之，那就是成功者善于提出好的问题，从而得到好的答案。”销售员可以通过提问获得一些信息，包括顾客是否了解你的谈话内容，顾客对你的公司和你推销的产品有什么意见和要求，以及顾客是否有购买的欲望。

有一位通信系统公司的推销员，总是很顺利的就能够达成交易，这其中他的口才所起的作用可谓功不可没。下面我们看一下他是怎么运用口才技巧顺利达成交易的。

推销员：“早上好，我是通信系统公司的推销员。”客户：“早上好。”推销员：“您这儿是一家新公司吧？”客户：“我们是刚刚开业。我的合伙人和我原来在一家法律事务所共同工作了5年。我们觉得需要有一个投递公司来为法律事务提供服务，因此我们决定试一试。”

推销员：“你们的服务范围只局限于法律圈子之内吗？”客户：“是的，是如此。我们的客户包括律师和他们的当事人，还有法官、原告，以及政府的官员。”

推销员：“有意思。您觉得，自己能给潜在客户提供的最大的好处是什么？”客户：“我要说，归结起来主要是我们的专业性和可靠性。我们了解法律系统和文件的处理过程。法律是靠文案工作和文件的分发、归档和注册来运转的。”

推销员：“你觉得准时和效率对你们是不是很重要？”客户：

“这是毫无疑义的。我们总是听委托人对我们说，由于文件发晚了15分钟而发生的那些事情。”推销员：“嗯，我想我有些想法也许对你的生意会有所帮助。”客户：“是吗？”推销员：“只要你回答几个问题就行。首先，你们车队的汽车上装了对讲机或车载电话没有？”

客户：“我们没有装。”推销员：“那你们有没有碰到过投递人员已经上路，却非得跟他们联系的事情？”客户：“偶尔碰到。”

推销员：“假如你们没有方法跟他们联系，那你们如何办呢？”客户：“我们让他们在取件或投递的时候打电话回来，因此我们通常每小时能听到一两次他们的回音。”

推销员：“假如在两次投递之间人必须控制他们的行动，那如何办？”客户：“这种事情不常有。”推销员：“这有没有使你感到不方便？”客户：“偶尔有这种感觉。”

推销员：“是吗？”客户：“是的，两天前在一次投递之后，我们就跟一个投递人员失去了联系。”推销员：“唔……”客户：“等他打电话回来的时候，人已经穿过了半个城区。后来他不得不返回他刚刚去过的那个街区。”

推销员：“你们的投递人员往回打电话的时候，找电话有没有麻烦？”客户：“这倒很少有。我们所有的投递任务都是送到办公室的。他们可以从那里打电话回来。”推销员：“如此你就可以不花钱了。”客户：“几乎不花钱。他们也许一天要花两三次钱，比如去吃午饭的时候，他们就使用投币电话。每人一周的开支不超过200元。”

推销员：“假如你们的投递人员在车上配备了传真机，那么他们一天会使用几次？”客户：“他们不会去用的。我们只递送原件。假如有人想发传真，他们自己会发的，不需要我们。”

推销员：“这么说，你的投递人员除了通过电话与公司取得联系之外，不需要别的了。”客户：“说得对。”

推销员：“总的来看，你对你们如今处理通信联络的方式满意到什么程度？”客户：“我想如此很好。”推销员：“你们如今的做法，你有什么特别中意的地方吗？”客户：“唔，价格适中。”

推销员：“你刚才告诉我，有时候你需要同投递人员联系，但联系不上。还有什么你觉得不方便或可以改进的？”客户：“我想对你说，有时候他们似乎总不打电话回来。”推销员：“我敢说这挺令人恼火的。”客户：“那还用说。”

推销员双手递给客户一本小册子说：“我认为你们公司应该考虑戴纳摩22型移动电话和传呼系统。这种电话可以装在任何车辆上。你打电话给某个人，假如振铃连响三下对方没有接，该系统就会启动寻呼机，通知他们回电话。这就意味着，无论他们是在汽车里、在打电话，或者在吃午饭，他们随时都能收到你的信息。这可以解决你刚才跟我说的那些问题，对吗？”客户：“也许是的。”

推销员：“这个系统既可以出租，也可以购置。出租期两年，每个系统的总投资平均每周只花800元。”客户：“这比我们如今的开支高出10倍以上！”

推销员：“直接开销是如此。可是从你对我说的情况来看，由于你不能随时同你的投递人员联系，你损失的生意和附加的开支难道不是相当于或超过那笔开支吗？”客户：“我不能肯定每个投递人员一周只花800元。”

推销员：“是的，可是你刚才说到，专业性、可靠性和效率是你们最主要的服务特点。这些通信设备将改善这些服务，对吧？”客户：“你说的也许有道理。不必坐在这儿等着这个该死的电话铃响起来才能指挥那些人，这肯定是件好事。”

这位推销员说话的特点确是善于引导客户，以他们真正的需求为主要内容，并与客户建立共识。拥有这样的口才技巧，交易自然会水到渠成。

口才锤炼箴言

满足顾客的需求就是满足自己的需求，因此，了解顾客的需求是关系到交易是否能成功的首要工作。所以，销售员要成功，要获得更多的签单，就必须善于巧妙地提问。

7. 说话得体才能让人接受

在社交中，一个不善言谈，沉默寡言的人很难引起他人注意，因而也就很难获得发展的机遇，谈吐能直接反映出一个人是见多识广还是孤陋寡闻，是具有良好教养，还是浅薄无知，老子把语言提高到可以挂牌上市的高度，热情地说：“美言可以市”。

其他古人对此也有深刻的认识，大圣人孔子曾这样概括说：语言是用来表达思想的，可是只有讲究文采才能充分表述他的想法，话都说不好，谁能够知晓他的思想呢？说话而没有文采，就不会传播久远。

说到这里的时候，孔子提到了一个人作例证，就是当时晋国的宰相子产，孔子说：“晋国能作为霸主，使郑国能主动臣晋国去，要不是子产能言善辩，文采斐然，是不可能的，如何把话说好，可得认真对待啊！”

俗语说："坐着说话不腰疼"，动舌头总比动手脚省力气，所以在生活中动舌头的时候比动手脚的时候要多。但是很多人却没有真正学会这种事半功倍的推销方法。

用通俗的语言说就是，会说话能当钱花：如果一个人善于驾驭语言，便可以不用分文得到所需要的东西。靠说话可以推销，可以升官发财，甚至可以不战而屈人之兵。

战国时，苏秦和张仪凭着三寸不烂之舌，一个佩带六国相印，贵不可言，另一个说秦成功，提出连横之策，跻身于中国统一的推动者之列，二人并列成为一言以兴邦，一言以丧邦的纵横派鼻祖。

真正的刀剑是有形的，每招每式都有化解之计，语言的刀剑却是无形的，如风一般无孔不入，杀伤力和穿透力比刀剑更强。

三国时期，刘备被曹操大军穷追猛打，眼看就要全军覆没，打出白旗投降服输，诸葛亮单舟渡江，在东吴“舌战群儒”，不花一文钱获得了东吴这个强大的盟友，使刘备免于灭顶之灾；后来，诸葛亮又在阵前温文尔雅地说了一席话，气死了大司徒王朗，真可谓杀人不见血，把语言直接转化为战果，传为千古佳话。

年轻人从学校走向社会，社交成为生活中的重要组成部分，与人合作的机会越来越多，交际越来越多，推销自我的口才也越来越重要。

口才是一门艺术，话说得得体，不仅能体现出自身修养，让别人舒舒服服地接受我们的意见，使人愿意接近我们，说话可以让我们了解出对方的意图，或从中得到启示，增加彼此间的了解，和对方建立良好的友谊。

在社交中能侃侃而谈，用词高雅恰当，言之有物，对问题见解深刻，反应敏捷，应答自如，能够简洁，准确，鲜明，生动地表达自己的思想与情感，更能表现出其不同凡响的气质和风度。

说话如此重要，我们人人也都在说话，但越熟悉的东西越容易被人们忽视，其实，说话的艺术，也就是口才也是一门深奥的学问，其中大有文章可作。

有两句现代俗语，第一句说：一句话说得人跳，一句话说得人笑，第二句说：良言一句三冬暖，恶语伤人六月寒，这都是口才的威力，话说得恰如其分则会使人心真神清，如雪中送炭直暖心底；话说得不当则令人心寒情伤，如厚冰覆火凉彻心骨。

如果每一句话都能打动人们的心弦，像具有不可知的魔力一样控制对方的情绪，一言一语能影响到周围空气的松弛与紧张，那么我们还有什么东西不能得到呢？

口才是一门综合的技术，更是一种艺术，老板们要具备这门技术进行谈判，律师要运用这门技术雄辩，政治家要用这门技术阐述自己的政见，教师和学生，演员和观众，无人不需要这门技术。

口才是人们生活中应用最普遍而最难能可贵的技术，一个人学富五车，如果不会说话，在和人交流时就会难于应付，在无形中损失了自己的优势。

在生活中，能说会道未必就是优点。但是在推销时，能言善辩却是不可或缺的能力。

一切与人交际交流的过程，都可以看作是广义的营销活动。语言是与别人沟通的媒介，一切营销活动首先是通过语言建立起最初的联系，从而使营销活动不断进展，最终达到目的。所以，语言交流是营销活动的开端，这个头开得好不好，直接关系到营销的成败。

德国女数学家爱米·诺德，在获得博士学位以后，不能立即开课，因为她需要另写论文后，教授会才讨论是否授予她博士讲师的资格。当时正在从事广义相对论研究的著名数学家希尔伯特（1862—1943）十分欣赏爱米的才能，他到处奔走，为爱米谋职，要求批准她为哥廷根大学的第一名女讲师。

在一次教授会上，出现了争论。一位教授激动地说："怎么能让女人当讲师呢？如果让她做讲师，以后她就要成为教授，甚至进大学评议会。难道能允许一个女人进入大学最高学术机构吗？"

另一位教授附和道："当我们的战士从战场回到课堂，发现自己将拜倒在女人脚下读书，会做何感想呢？"

希尔伯特站起来，坚定地批驳道："先生们，候选人性别绝不应该成为反对她当讲师的理由。大学评议会毕竟不是洗澡堂！"

一般说来，话说得恰到好处，就会拉近与别人的距离，完成交际的任务。

1908 年 4 月，戴尔·卡耐基来到国际函授学校丹弗分校，应征销售员工作。

经理约翰·艾兰奇先生看着眼前这位身材瘦弱，脸色苍白的年轻人，忍不住先摇了摇头。从外表看，这个年轻人显示不出特别的销售魅力。他询问了姓名和学历后，又问道："干过推销吗？""没有！"卡耐基答道。

约翰·艾兰奇先生开始提问："那么，现在请回答几个有关销售的问题。推销员的目的是什么？"

戴尔想了想，以肯定的语气回答："让消费者了解产品，从而心甘情愿地购买。"

艾兰奇先生点点头，接着问："你打算对推销对象怎样开始谈话？"

“说‘今天天气真好’或者‘你的生意真不错’。”

实际上，戴尔·卡耐基的这个回答，无意中提示了两个人初次见面时，尽快消除生疏感的一个方法：只要找一些无关痛痒的话题，开始交谈，就能缩短相互间的感情距离，建立亲密的关系的一个方法。

语言交际是一种建立在心理接触基础上的人际交往。所以，心理因素对语言交际的影响最大。最直接，也最关键。我们在与别人交谈时，一定要注意使自己的语言贴近对方的心理，尽可能地消除由于心理障碍造成的隔阂。这是因为，人们对任何事物的接受，首先表现在心理上接受，因此把话说到人的心里，事情才好办。

一位消费者怒气冲冲地拿着一双有质量问题的皮鞋来到商场。正值鞋厂营销人员到商场了解鞋的销售情况，他听完这位消费者的申诉后，马上说了一句：“这样的鞋我买了也会气成你这样，”这句话使那位消费者火气消了一半，由先前坚持退货到后来答应换一双。

交际语言的艺术性还表现在幽默，风趣上，英国思想家培根说：“善谈者必善幽默，”语言幽默的魅力就在于话虽然不明白直说，却让人通过曲折含蓄的表达方式心领神会。

二战结束后，英国首相丘吉尔到美国访问，当记者问他对美国的印象时，丘吉尔说了句“报纸太厚，厕纸太簿”，引得记者们哄堂大笑，但笑过之后，人们才发现丘吉尔语言的尖刻。

在营销活动中，有时候把话说得委婉一些，诙谐一些，可能比直截了当地说效果更好。

一位营销人员在市场上推销灭蚊剂，他滔滔不绝的演讲吸引了一大堆顾客。突然有人向他提出一个问题：“你敢保证这种灭蚊剂能把所有的蚊子都杀死吗？”

这位营销人员机智地回答："不敢，在你没打药的地方，蚊子照样活得很好，"这句玩笑话使人们愉快地接受了他的推销宣传，几大箱子灭蚊剂很快就销售一空。

幽默语言在营销活动中的运用，不仅可以造成轻松活泼的气氛，还为营销工作创造一个良好的环境，幽默话语本身就是一种极具艺术性的广告语，用得好，会给人们留下深刻印象，由一句笑话联想到某种品牌，是很好的促销方式。

营销人员在运用语言上还应注意简洁，以简单明了的语言把尽可能多的信息传递给客户，无论谈生意还是推销产品，都要突出要点，让对方能够听懂记住。如果说话颠三倒四，反反复复，啰啰嗦嗦，言之无物，不仅让人抓不住重点，还会占用更多的时间，引起对方反感，简洁的语言，不但是交际的需要，也从客观上反映出营销人员业务熟练，作风扎实，诚实可信。

当然，营销人员的语言交际要注意的地方还很多，比如说话要文明，不用粗言秽语，要客观真实等等。归结到一点，营销语言一定要有艺术性，必要时不妨"花言巧语"一番，只是要掌握好分寸。

口才锤炼箴言

口才是一门艺术，话说得得体，不仅能体现出自身修养，让别人舒舒服服地接受我们的意见，使人愿意接近我们，说话可以让我们了解出对方的意图，或从中得到启示，增加彼此间的了解，和对方建立良好的友谊。

8. 让客户收回“没时间”的借口

随着通信技术的发展，销售的渠道相对增加了不少。然而，面对陌生人的销售，客户总是有这样那样的借口拒绝，我们经常听到客户说“忙”“没时间”，其实，客户并不一定是真的忙，聪明的销售员就会识破客户的借口，并采取一些措施，巧妙引导，从而让客户逐渐接受我们预约或销售的产品。

（1）连环发问法，让客户不再说“不”。

林阳在一家公关公司担任市场专员，主要负责市场的推广工作，工作中，客户经常以没时间拒绝和他交谈，这个难题，他一般在电话中就予以解决了。

一次，他的朋友告诉他某时装公司要办一场下一季的时装秀。林阳心想，这家公司是时装界的新秀，拿下这家公司的长期合作关系，会对公司效益有很大帮助，自己也多了一个稳定的客源，于是，他赶紧搜索了该公司的相关很多资料，然后设计了几种交谈方式，最终，他拨通了该公司负责人的电话。

林阳：“周总您好！”

客户：“你好！你是哪位？”

林阳：“我是某公关公司的市场专员林阳，您有听过我们公司吗？”

客户：“……好像听过，但也不是很清楚，你找我有什么事？”

林阳立刻道：“我听说贵公司马上要办一场下一季的时装秀，是吗？”

客户："嗯，是有这方面的打算，你们消息还真是快啊。"

林阳："周总还真是幽默。可能您知道，我们公司在公关界还是很有地位的，另外，我们有很优秀的策划团队，在活动的策划方面有着相当丰富的经验，能帮助贵公司做到最好的宣传效果，您看您这两天什么时候有时间，我们面谈一次好吗？"

客户："真对不住，这些天太忙，没时间啊，秘书已经把我这些天的行程安排得满满的了！"

林阳："没关系，您日理万机，肯定很忙。公关活动最重要的是品牌效应，我们公司在公关界还是有一定声誉的，也成功策划过很多公关活动，贵公司规模这么大，肯定少不了公关活动。我们彼此认识一下，是没有坏处的，而且，您尽可放心，我不会打扰您太多的宝贵时间，借我十分钟就够了，您看，明后天，您哪天能抽出点空闲的时间呢？"

客户："呵呵！你还真会说话，那就后天吧。"

林阳："您过奖了，请问具体是什么时间呢？"

客户："上午九点吧。"

林阳："好的，那我们就后天上午 9 点见！祝您工作顺心，周总再见！"

客户："谢谢，再见！"

细心的林阳在挂掉电话后，为了让周总加深印象和敲定面谈的事，他给周总发了一条短信："周总您好！非常感谢您能在百忙之中接听我的电话，祝您工作顺利，心情愉快！顺便确认一下您的地址是：× × 大厦 17 楼 1701 室，见面的时间是：后天上午 9 点。× × 公关公司市场专员林阳敬上！"

这段销售情景中，市场专员林阳之所以能敲定和周总面谈的事，就是因为他善于运用连环发问的技巧，即使客户说没时间，他也能让客户收回这一借口，那么，我们不妨回味一下，林阳是怎样使用这一技巧的：首先，他设计了一个很好的开场，一句“周总您好”运用得恰到好处：首先，避免了客户的反感。

然后，他又设计了一个与众不同的自我介绍：先介绍自己所在的公司，以公司为背景，无疑给自己的身份“镀了一层金”，客户自然也愿意与一个可信的销售员交谈。同时，这种介绍方式也是谦虚的表现，稍微细心的客户都会对他留下良好的印象。最后，他留的一条善后短信，也加深了客户的而印象。

（2）时间确认法：妙用“五分”争取机会。

“我现在很忙，请你改天打过来吧！”销售员小刘就这么被客户拒绝了，但小刘很聪明，“看您工作这么繁忙，打扰您还真是不好意思呢。这样吧！就 5 分钟，请您抽出 5 分钟听我说几句话，好不好？说完我立即就走。”听小刘这么一说，客户就答应了。

小刘的聪明之处就在于抓住了客户珍惜时间的心理，一般而言，客户说“很忙”只不过是一种借口罢了，但同时，客户更希望自己的宝贵时间不被占用。真正忙碌的客户，如果你事先和他约好“5 分钟”，他也可能愿意抽出这 5 分钟时间听你介绍。否则，“这个人不知道要跟我啰唆多久”的心理，将使得他犹豫不决。

（3）设置选项法：让客户自己做选择题。

很多销售员，在遇到客户说忙的情况下，就显得束手无策。对此，我们可以这样让客户自己选择，“明后天哪天有空”“具体时间是几点”，这是一种思维设置方法，这样，无论客户怎样选择，都是在接受面谈的前提下，而这对于销售员来说，只要客户开口回答，你就已经成功了，剩下的只是确认工作。

总之，销售员要明白，所谓的“忙”，只不过是客户的托词，你要做的就是识破并让客户主动收回这一借口，然后进一步确认具体面谈的时间，让客户明白，你能给他带来好处，从而激发他的兴趣，这样，你的销售工作也就成功了一半了。

口才锤炼箴言

预约客户，不但可以节省人力和劳力，还能有效避免吃闭门羹；电话内容应尽量简短，为客户节约时间；确认与你通话的客户是否拥有决策权，否则，你做的就是无用功。

第二章　高效沟通获得客户的信赖

销售工作实际上就是一项与客户不断保持沟通的工作，谁与客户之间的沟通更为有效，谁就是其中的佼佼者，否则就只能在一次一次的较量中败走麦城。那么，如何赢得客户，如何应对客户的拒绝，如何让客户钟情于你以及你公司的产品呢？只有对产品保持足够的热情，只有热爱自己的事业，并且为此不遗余力奉献的人，才能得到应得的报酬。

1. 避免争执，巧妙让顾客“接受”

俗话说：“金无足赤，人无完人”，产品也是如此。但客户花钱买东西总是希望获得完美的产品，因而对你提供的产品总是怀着挑剔的心理。

然而，我们知道，不管是企业还是销售人员本人，都无法提供完美的产品。重要的是，你要以销售人员的专业水准让这类客户明白，你的产品虽然不如他理想中的完美，却是现实中不可多得的完美选择。

如果你做到了这些合情合理的解说和劝服，客户的挑剔心理将不复存在。聪明的客户其实内心也明白：少一点幻想，爱情可以完美；接受了现实，生活可以完美。

在销售人员遇到的所有客户中，挑剔型客户可谓是最麻烦的客户了。他们从产品本身到产品知识，过分在细节上挑剔，有时甚至是鸡蛋里头挑骨头，非要挑出你的毛病来不可。

由于性格的原因，挑剔型客户无论做什么事情都要找出很多毛病来，特别是在购买产品的时候更是如此。通常，我们都不喜欢挑剔型客户，他们吹毛求疵、故意刁难、夸大事实、无理取闹，狡猾又难对付，并且与你讨价还价的时候，他们已经准备买你的产品了。

俗话说：“嫌货才是买货人”，对产品挑剔的客户才是好客户，也是有希望购买产品的客户。当客户挑剔产品时，就会说一些表示拒绝的话。这时，销售人员可以顺着客户拒绝的话，并把这种拒绝转化为一种购买的理由，让客户意识到他需要这种产品。

例如，当挑剔型客户提出“这件产品的价格太贵”时，你可以这样回答：“是啊，的确很贵，名牌产品哪有不贵的道理呢？”这样，客户就没有理由挑剔产品的价格贵了。

小陈是某电脑公司的销售员，他费了很大劲才向一个大顾客销售了几台家用电脑。

三个星期后，他再度打电话给那位顾客推销，本以为对方会再向他购买几百台的，不料，那位顾客一听说是他，便抱怨起来。以下是两人的对话。

顾客：“我不能再从你那儿买电脑了！因为你们公司的产品太不理想了。”

小陈：“为什么？”

顾客：“因为你们电脑的主机太烫了，烫得连手都不能碰一下。”

小陈（知道同对方争辩没有任何益处）：“先生，我完全同意您的意见，如果主机发热过高，应该退货，是吗？”

顾客：“是的。”

小陈：“当然，主机是发热的，但您当然不希望它的热度超过全国电工协会规定的标准，对吗？”

顾客：“对的。”

小陈：“正常情况下，CPU 的温度范围在 45 ~ 65 摄氏度，对吗？”

顾客：“对的。”

小陈：“您即使把手放在 65 摄氏度的热水龙头上，也会感到烫手啊！”

顾客（不由得点头）：“那倒是。”

小陈："放心，那完全是正常的。"

结果，小陈又做成了一笔生意。

在与顾客合作一段时间后，顾客突然提出终止合作，这种情况在销售过程中也是经常遇到的。顾客拒绝时，如果销售员与顾客争辩，无疑会进一步刺激顾客的情绪，对扭转局面是非常不利的。

从案例中可以看出，销售员小陈在解决顾客的投诉并拒绝再次采购时，说话稍有不慎就可能让顾客不愉快，那么即使他非常需要也不愿意对你做出让步。顾客会投诉，意味着他需要更多的信息。

销售员一旦与顾客发生争执，拿出各种各样的理由进行辩解时，他可能在争论中取胜，却也彻底失去了这位顾客。案例中的销售员小陈之所以能成功，是因为他没有和顾客争辩，而是和顾客讲道理。

销售员小陈首先肯定了顾客的说法："我百分之百地同意您的看法，如果这些发动机温度太高，您当然不应该买它们。"这句话，让顾客感觉到小陈是与自己站在同一立场上的，于是情绪逐渐缓和，并放松了警惕。

接下来，小陈通过一步步的提问，把顾客的思维从右脑转移到左脑，当顾客静下心来进行理性思考时，终于明白了问题的真正原因，并决定继续合作下去。

在实际销售中，销售员如果遇到类似的情况，不妨也采用小陈的策略，即先取得顾客的认可，再引导顾客进行深入思考，最终必会使顾客由"拒绝"变为"接受"。

如果顾客说了几句抱怨的话，销售员就还以一大堆反驳的话，不仅会因打断了顾客的讲话而使顾客生气，也会使顾客想出许多拒绝购买的理由，结果当然就不可能达成交易。为了使推销有效益，销售员必须尽力克制情绪，要具备忍耐力，要不惜任何代价避免发生争执。

口才锤炼箴言

不和顾客争辩是优秀销售员的办事准则。如果同顾客争辩，即使你赢了也不会使推销获得成功，因为你伤害了顾客的感情。

2. 建立信赖，觉得你在替他考虑

有很多销售人员认为，销售就是一场金钱交易，其实这样的认识大错特错。

有这样想法的人，都是只盯着客户兜里的钱，他们第一目标不是为客户解决所遇到的问题，而是想办法如何把客户的钱捞到手。

试想，这样客户如何能感觉到满意。销售人员是真心帮助客户，还是出于自身利益的考虑，客户通过你的言行举止就可以看出来。因此，作为销售人员千万不要自作聪明，自欺欺人。

在销售过程中，蕴含着很多情感因素，这些因素直接决定着双方在交易的中行为和想法。所以在推销过程中，当你面对客户的时候，心里一定要想到是“我产品或服务会给客户带来什么好处”。这样即使客户一时不能接受你的产品，但从情感上也接受你。

小叶是一家公司的经理，一天，他接到某个五星级宾馆销售人员电话，这位销售人员推销他们的贵宾卡，售价2000多元。

刚开始这位销售人员，在电话里的说辞很自信，也很有职业化，职业素养无可挑剔，而且能把贵宾卡得好处说得很透。给小叶留下了不错的第一印象，当时，他确实有点心动，因为他们是连锁饭店，在全国各地都有分店。小叶又经常出差，不仅可以在本地用，在外地也可以在使用。

后来，小叶告诉了这位推销员公司的地址，以便他们过来面谈。应该说，谈到这时候，成交的概率很大。因为金额不高，而且的确看起来很优惠。但所有的好感都在一句话之后减退了很多。

就在小叶准备挂掉电话的时候，对方忽然问，“请问我们把卡送过来时，你是刷卡还是现金？”这瞬间让小叶觉得，她所做的一切都只是为了卖出东西，而非提供客户他所需要的产品和服务。

他取得口头面谈邀请后，应该考虑的是：怎么在第二次现场面谈时，怎么让客户掏出钱来购买他的贵宾卡。

在小叶提出不可能在电话里就订购的想法时，这位销售人员说，他的经理会给我来电话。小叶说不必了。过了半小时，有电话进来，小叶一接，正是他们经理。

这时一位女性，说话也很职业化，十分自信。说词同样无可挑剔，她说了几点贵宾卡的好处，小叶也觉得这东西很好，找不出什么不好的理由。

她介绍完种种好处后，说，这么好的东西，你为什么觉得不买呢？小叶一想，的确不该不买，但他又不想在电话里就答应她：好的。我买，你带发票过来吧。

所以她逼得小叶提出了往后推一推的客户异议（记得有本书说

过，客户异议都是销售人员过急要求客户成交而迫使客户提出来的，看来很有道理)，他说，宁波有这么多五星级宾馆都有贵宾卡，我得再考虑考虑(他其实压根不会考虑其他五星级宾馆)。

她没意识到这是小叶的虚招，继续推销，我知道一些五星级贵宾卡的内容，都没有我们的好。她要达到的目的和小叶的念头不一致，导致两人说不到一起去。

她要做的其实很简单：派销售人员带着卡，来公司面谈一次，也许就 OK 了。客户看到了实物，又看到了大礼包，购买的可能性会在 80% 以上。只是因为每个人的心理都是：在电话里不可能对一个陌生的销售人员和一个陌生的产品就决定购买。

正常来讲，在介绍产品的时候，最好不要马上提出成交要求。否则。很容易让客户觉得你在急于卖出东西。该宾馆的第一位销售人员就是在电话里直接提到打钱的时，瞬间让客户的购买热情下降了很多。

事实上，他做的已经非常好了，已经取得了客户的面谈允许，这是很成功的第一步了，最后一句话完全没必要再说。而第二销售人员则比较巧妙地回避了这个问题。

很多买卖需求都是在进一步交谈之后才能确定下来的，客户通常不会在电话中就答应你太多的成交要求。因此，作为销售人员在于客户首次交谈的时候最关键的要去的客户信任，然后采取逐渐地展开销售。如何让客户感到你是在真想为他着想？一般需要从以下几个方面做起：

(1) 站在客户的角度思考问题。

站在帮助客户的立场上，将自己假设为一个客户的帮助者，真心地去了解客户在实际中需要解决的问题，然后提出具有高回报价值的解决方案。

（2）调整说话方式和语音语调。

语言文字是电话销售和客户交流的唯一手段，语言文字就是沟通的桥梁，客户是依据销售员的语言文字作出判断的，你究竟是否表达的到位决定着客户的行为。

（3）电话拜访之前、之后，先帮助客户做一些力所能及的事情。

比如，先给客户发些祝福或者问候的短信、邮件等，或者可以发一些对客户有帮助的资讯、资料等。

除此之外，也要注意两个方面：把对客户的关注用声音巧妙地表达出来。调整好自身的讲话方式。讲话方式、语音语调的变化的销售和客户交流的唯一手段，嘴是销售人员可客户沟通的桥梁，客户是依据销售人员的语言文字作出判断的，你究竟是否表达的到位决定着客户的行为。

一个人的动机在很大程度上会在说话的语气、语速、用词，以及表达方式上体现出来。国外的一家调查公司曾对“电话推销中的细节”进行过一项调查。

调查显示：“在电话交谈中，对方往往只会注意到音调的抑扬顿挫，而不是话语本身的内容”。所以，在沟通周如何表达很重要。

销售人员应该将自己定位为一个给予者，而不索取者。这就需要站在客户的立场上想问题，在做事情。真心地去了解他们在生活生产过程中遇到的难题，解决了哪些问题，还有哪些问题无法解决。然后再提出具有针对性的解决方案。力争帮助客户做一些力所能及的事情。

比如，先给客户发些祝福或者问候的短信、邮件等，或者可以发一些对客户有帮助的资讯、资料等。

在销售过程中，蕴含着很多情感因素，这些因素直接决定着双方在交易的中行为和想法。所以在推销过程中，当你面对客户的时候，心里一定要想到是“我的产品或服务会给客户带来什么好处”

3. 用真诚化解误会

在电话销售发生的投诉中，很多时候，客户抱怨其实是因为客户对公司、产品或是对你有所误会引起的。因此你必须向客户说明原委，化解误会。

但是请注意！这样的说明切勿太早出现，因为大部分的客户是很难在一开始就接受你的解释的，所以“化解误会”必须放在认同、道歉之后再做。

另一方面，“化解误会”可以避免客户得寸进尺，或是误以为你的公司或是你真的很差。假如误会没有解决，客户对你或公司可能会失去信心，进而取消订单，抵消了你前面的所有努力，这是非常可惜的！

一般来说，误解是由于客户对公司不了解，本来公司可以做到的，客户却认为公司做不到。他们会说：

“你们没有办法帮我送货上门。”

“你们没有金属外壳的笔记本电脑。”

而面对这种不满的客户，唯有诚心诚意全力补救才能化解彼此之间的敌意。

对于这样的客户，如果让他们觉得“这个公司很不诚实”、“我感觉不到他们的诚意及热忱”那就完了。所谓“完了”就是指自此以后不用再交涉了，因为结果多半是通过法律途径解决纠纷。许多原告正是因为“感觉不到对方的诚意”而不再期望有什么交涉结果。

然而，“诚意”说来简单，做起来就不那么容易了，它要求你不但要有超强的意志，还要不惜牺牲自身的利益，总之，竭尽所能，去重新争取客户的信任与好感。

有一点必须注意，企业在客户抱怨方面的工作必须落到实处，一味标榜是极伤害客户情绪的，比如：

当一家公司不无骄傲地向人们宣布他们为客户设计的热线电话咨询、求助、投诉专线是多么的快速和热情后，许多客户受到媒体宣传的影响和一些口碑的鼓励，决定亲身来体验这一切时，却意外地出现一遍又一遍的“话务员正忙，请稍候”的声音，然后就是一阵又一阵的单调的音乐；或者刚刚接通电话还没有说完，就意外断线了，然后费了半天劲也没有拨通电话而对方也未打回电话。

这也正如当你到一家连锁店购买了一些日用品，却意外地发现了一些日用品的质量问题，然后你得知这家连锁店有很宽松的退货处理时，你是怀着很兴奋的心情去的，结果在退货处理柜台前，这些处理退货的人员都板着一张脸，好像对消费者的退货行为怀恨在心一样，而且在处理过程中，一会又放下，去管一下其他的事情，更令你气愤的是，他们对其他的不是办理退货的人一脸微笑，转过头对你时，又是“横眉冷对千夫指”的做派时，愤怒自不必说，对企业的信任将被破坏无疑。

如果目的只是要解决顾客的投诉，那么可以就事论事地解决问题，这种方式也许奏效。但如果想让难缠的顾客成为伙伴，就必须用真诚表现出人情化的一面。

这种时候如果要向顾客道歉，态度一定要真诚。顾客经常觉得对方的致歉毫无诚意，不过是应付他们。这是一种自我防御的本能。要让“对不起”真正发挥作用，就要告诉顾客：

企业在管理方面还不到位，请包涵；你有什么事可以直接找我，只要能做到，我一定尽力；我们是朋友，凡事都好商量。顺便说一下，恳请他们再次惠顾也是个好办法。

说话的魅力不在于你的口才多么流利，讲话多么滔滔不绝，关键在于在谈话中是否善于表达真诚。流畅但缺乏诚意的话语，就像没有生命力的花一样，虽然美丽但不鲜活。而善于在言谈说话间表达出自己真诚的人，能够把自己的心意传递给听者，使听者达到情感上的共鸣，而打动听者的心。

一位朋友小丁曾经有过这样的经历：用真诚和赞美，为一位想轻生的女孩子带来了希望。

一天，小丁在海边看到了一位坐着的女孩子，脸上写满了忧郁与哀愁，眼角还挂着泪痕。小丁微笑着走上前去，问她：“您好，我叫小丁，能跟你说几句话吗？”

女孩子并不愿意和她说话，依然一个人在那里感受着落寞。小丁继续温柔地说：“虽然你心情非常糟糕，让你显得有些忧愁，但你依然很美。你有什么伤心痛苦的事情，可以跟我说说吗？”

她想了一会儿，就真的跟小丁倾诉了起来。当她说得动情时，还流下了眼泪。而小丁给她的一直是真诚的眼神、用心的倾听和适当的点头。小丁的聚精会神，让女孩子感受到了一种从未有过的关注和理解。最后，女孩子还说，自己今天来海边，就是想结束自己的生命。因为自己爱上的那个人，在事业有成后就把自己给抛弃了。

小丁听完后，不但为她感到唏嘘、忧伤，还气愤地大骂那个男士没有眼光。最后，她真诚地鼓励女孩："你放心吧，天底下好男士多的是，你一定会找到一位有责任心且很有爱心的男士的。你看你长得多漂亮，连我这样的女人都喜欢，更何况是男士呢？所以，你一定要振作起来。"

最后，女孩用极其感激的语气对小丁说："从来没有人和我说过这么多话，我感觉自己到今天才算是真正地了解了自己。我现在才相信，活下去会是很美好的。"

每个人都希望获得别人真诚的关怀、理解和尊重。大多数时候，一句真诚的语言，可能只花你一分钟或几秒钟的时间，但对于听者来说，你的简单地一句话可能会影响他一天、一年甚至一生。

大家肯定都学过物理这门课，在书中讲述了作用力和反作用力，他们总是同时出现，相互作用，相互影响，这种影响反映在真诚中也同样适用。当你真诚地关怀他人时，他人也会真诚地为你着想。如果你对对方悉心关照，处处为其设想，他必然也会懂得做点什么来回报你，即"来而不往非礼也"。因此，要想获得别人真诚相待，你必须真诚待人！切记，只有真诚才能换来真诚！

在人际交往中，真诚的话语能够使人产生一种信任感和安全感，我们有必要在与人交谈时，在言谈话语间表露出自己的真诚。

只有我们真诚地关注别人时，才能够获得对方的信赖，也才能赢得别人的关注和支持。

请记住：无论什么时候，只有真诚才能化解误会，平息客户的抱怨与不满。当你献出真诚时，必定能让事情圆满解决。

4. 顺藤摸瓜，询问法化解客户异议

在推销活动中，很多客户提出的异议只不过是用来拒绝销售人员及其推销品的一种借口而已，有时甚至连客户自己也无法说出有关购买异议的真实根源。客户异议根源的不确定性，为销售人员分析客户异议，排除购买障碍增加了困难，也为询问法提供了理论依据。

下面这个例子就是用询问法化解客户异议的最好运用：

客户："你的产品确实不错，不过，我现在还不想买。"

销售人员："这位先生，既然产品很好，您为什么现在不买呢？"

客户："产品虽然不错，可它不值这个价啊？"

销售人员："那您说说这样的产品应该卖什么价格？"

客户："反正太贵了，我们买不起。"

销售人员："这位先生，看您说的！若连您都买不起，还有谁买

得起？您给还个价吧。”

以上这个例子中，销售人员对待客户异议，没有马上讲事实、摆道理，而是向客户提出问题，引导客户自己否定自己，最终达成交易。这种方法在实际推销过程中常常被销售人员所采用，并能取得良好的成效。

询问法又叫问题引导法或追问法，是指销售人员利用客户提出的异议，直接以询问的方式向客户提出问题，引导客户在回答问题的过程中不知不觉地回答了自己提出的异议，甚至否定自己，同意销售人员观点的异议化解方法。

这种方法是销售人员利用客户异议，通过运用为何、何事、何处、何时、何人和如何等问题根据必要的情况反问客户的一种处理方法。这是所有应对方法中最高明的一招，与其自己来说，不如让客户说出他的看法，把攻守形势反转过来。

询问法是一种最有效的化解客户异议的方法，其优点主要表现在以下几个方面：

（1）运用询问法时，通常问一句“为什么”，可使客户更深入地思考，并帮助销售人员了解客户真正关心的是什么，也能显示出客户真正拒绝购买的原因。

（2）询问法能引导客户自己回答自己提出的各种异议，不得不放弃借口。

（3）询问法能帮助销售人员有时间进行思考、分析、判断，采取有的放矢的推销策略。

（4）如果询问法运用得好，必然带有请教的含义，既可以使客户提供信息，又有助于营造良好的洽谈气氛，有利于成交。

（5）通过询问，销售人员可以进一步了解客户，获得更多的客户信息，为进一步推销奠定基础。

（6）询问法使销售人员从被动听客户申诉异议转为主动地提出问题与客户共同探讨。

当然，询问法化解客户异议也有一定的局限性，其缺点主要表现在以下几个方面：

（1）有时客户也不可能完全说清楚异议的真实根源，销售人员也没有必要，或者说不可能完全了解客户异议的真实根源。因此，滥用询问法可能会造成推销时间的浪费。

（2）销售人员若对客户的异议一再追问，有可能破坏推销气氛。

（3）当客户本来就存在不少异议时，在销售人员的追问下，又会引发新的异议，就会造成对推销不利的局面。

（4）一般地说，客户有异议时，都希望得到销售人员的直接答复，或者得到明确的澄清。若销售人员不理解客户的心理活动，不仅没有给予客户简单明确的答复，反而滥用询问法去追问客户，就会引起客户的反感，甚至产生抵触推销的情绪。

运用询问法化解客户异议时，销售人员应注意以下几个方面的问题：

（1）销售人员追问客户时应适可而止，不能刨根问底。销售人员要注意客户的表情与动作，如果客户很为难，或根本就说不清楚，就不要再追问了，销售人员这时的任务应是帮助客户认识问题，而不是为了驳倒客户。只要有关异议已不再阻碍成交，就应该把异议忽略。

（2）运用询问法时，销售人员应讲究推销礼仪，避免直接冒犯客户。销售人员要讲究文明礼貌，讲究提问的姿势、语气、手势，要使客户感受到销售人员的真诚，感受到自己是被尊重的，只有诚心诚意地询问客户，客户才会愿意说出异议的根源。切记：不可厉声责问客户或故意嘲弄客户，否则，一旦激怒客户，就无法有效地促成交易。

（3）在直接追问客户时，应直接针对有关的客户异议，而不能询问其他的无关问题，以免无事生非，弄出更多的有关或无关异议，直接阻碍成交。

（4）销售人员应及时追问客户。销售人员必须灵活善变，看准有利时机，追问客户，及时处理有关异议。

（5）销售人员向客户提问时不要急于求成，应由浅入深，循序渐进地进行提问。

（6）销售人员应通过提问引导客户说出真实的想法，引导客户逐渐认识到销售人员的观点是正确的，并且要让客户感到购买决定是他自己做出的，而不是因为别人的强迫或盲目听从了别人的意见做出的购买决定。

口才锤炼箴言

有效地运用询问法化解客户异议，必须掌握发问的技巧，提出的问题要让客户乐于回答，而不是像逼口供似的对待客户，诘难客户。但我们不得不承认，相当一部分销售人员不重视提问的学问，提出的问题常常让客户感到厌烦，甚至干脆拒绝回答。因而，要充分发挥询问法的优势，销售人员就必须不断提高提问的水平。

5. 真诚地关心你的客户

懂营销的人都知道，把握好客户的心理才是终极的制胜法宝，他们深知每个客户其实都只会关心自己的利益，许多客户甚至会为了掩饰自己想得到优惠的心理而刻意说一些善意的谎言，以掩饰自己的真实利益。

在一次大型玩具展销会上，一家玩具公司的展位非常偏僻，参观者寥寥无几。公司负责人急中生智，在第二天他就在展会入口处扔下了一些别致的名片，在名片的背面写着“持此名片可以在本公司展位上领取玩具一个”。结果，展位被包围得水泄不通，并且这种情况一直持续到展销会结束，当然迅速带来的人气也为这家公司带来了不少生意。

这家公司之所以取得了商业上的巨大成功，原因就在于它抓住了人们都只关心自己利益的心理，以对客户小的恩惠而为公司带来了巨大的利益。

重视自我的心理，包含两层含义，一层是自己对自己的关心和保护，另一层是希望得到别人的关心和重视。而在消费过程中，客户也具有这样的心理，客户会特别注重商品对于自身的价值，同时也希望得到销售人员对自己的关心和重视，如果产品不错，销售人员又对自己表现了足够的重视，那么客户就会很高兴地购买其产品。

而事实上，很多销售人员总是一味地关心自己的产品是否能卖出去，一味夸赞自己的产品多么先进、多么优质，而不考虑是不是适合自己的客户、客户喜不喜欢。这样给客户的感觉就是你只关注自己的产品，只注重自己能赚多少钱，而没有给他以足够的关心和重视。客户的心理需求没有得到满足，于是会毫不犹豫地拒绝你的推销。

曾经有一位推销专家说过："推销是一种压抑自己的意愿去满足他人欲望的工作。毕竟销售人员不是卖自己喜欢卖的产品，而是卖客户喜欢买的产品，销售人员是在为客户服务，并从中收获利益。"

因此在推销活动中，最重要的不是销售人员自己而是客户。"客户至上"，才是销售人员应该遵循的根本原则。能否站在客户的立场上，为客户着想，才是决定销售能否成功的重要因素。

甲、乙两个销售人员到同一个客户那里推销商品，销售人员甲到了客户的家里，就开始滔滔不绝地介绍自己产品的质量多么好，多么畅销，如果不购买的话会多么可惜，结果客户毫不客气地打断了甲的介绍，说："不好意思，先生，我知道你的产品很好很畅销，但是很抱歉，我完全不需要；因为它不适合我。"甲只好很尴尬地说抱歉，然后离开。

等到销售人员乙到该客户家里推销时，却是另外一种情况。乙到了客户的家里，边和客户闲聊边观察客户的家具布置，揣测客户生活档次和消费品位，并和客户家的小孩玩得很好，似乎小孩已经喜欢上了这位叔叔。

同时乙在向客户介绍自己的产品时，先询问的是客户需要什么样的款式和档次，并仔细地为客户分析产品能够给客户带来多少潜在的利益。

比如，会给客户省下多少开销。最后乙并没有把自己的产品卖给客户，而是说公司最近会推出一款新机型，特别适合客户的要求，希望客户能够等一等，自己过段时间再来。

乙的一番言语让客户非常感动，因为销售人员乙切实地从客户的立场出发，为客户考虑了很多，表现出对客户的真诚的关心，使客户得到了真正的实惠，赢得了他们全家人的信任。

当乙再次来到客户家中的时候，还给客户的小孩带了些小礼物。乙受到了客户的热情接待，并且很顺利地购买了他的新产品。之后，销售人员乙和客户建立了长久的销售关系，客户从他这里买走了很多产品。

上面的例子让我们知道，客户需要得到销售人员的关心和重视，需要得到适合自己的、能给自己带来实惠的产品和服务。销售人员真诚地为客户考虑了，让客户感受到了关心，客户才会和你达成交易，甚至和你建立长期的伙伴关系，实现彼此的“双赢”。

因此，让客户满意的根本，是让客户感觉到销售人员是在为客户谋利益，而不是为了获得他口袋里的钱，这样才有助于消除彼此之间的隔阂。

著名销售员原一平在一次讲学时，讲了下面一个故事。

有一个杀人犯，被判无期徒刑，关在监狱里。因为他被判无期，而且无父母、妻子、儿女，既无人探监也无任何希望，在狱中独来独往，不与任何人打招呼。再加上他健壮又凶恶，也没有人敢惹他。

有一天，一个神父带了糖果与香烟来狱中慰问犯人。神父碰见那位无期徒刑犯，递给他一根香烟，犯人毫不理睬。神父每周来慰问，每次都给他香烟，杀人犯无反应，如此延续了半年之后，犯人才接下香烟，不过还是面无表情。

一年后，有一次神父除了带糖果与香烟，另外带了一箱可乐。

抵达监狱后，神父才发现忘了带开瓶器，正在一筹莫展时，那个犯人出现了。他知道神父的困难后，笑着对神父说："一切看我的。"接着，就用他的牙齿把一箱的可乐都打开了。

从那一次之后，犯人不但跟神父有说有笑，而且神父在慰问犯人时，他自动随侍于左右，以保护神父。

这个故事告诉我们：真诚的关心可感化一切，就是一个毫无希望的无期徒刑犯，照样会被它所感动。一个不幸的人，一旦发觉有人关心他，往往能以加倍的关心回报对方。

卡耐基说："时时真诚地去关心别人，你在两个月内所交到的朋友，远比只想别人来关心他的人在两年内所交的朋友还多。"那些不关心别人，只盼望别人来关心自己的人，应时刻拿这句话告诫自己。

某汽车公司的销售员听完原一平的讲座以后，每次在成交之后，客户取货之前，通常都要花上 3 ~ 5 个小时详尽地演示汽车的操作。这个销售员这样说："我曾看见有些销售员只是递给新客户一本用户手册说：'拿去自己看看。'在我所遇见的人中，很少有人能够仅靠一本手册就能搞懂如何操作一辆这样的游艺车。我们希望客户能最大限度地满意我们的关心，因为我们不仅期望他们自己回头再买，而且期望他们介绍一些朋友来买车。一位优秀的销售员会对客户说：'我的电话全天 24 小时都欢迎您拨打，如果有什么问题，请给我的办公室或家里打电话，我随时恭候。'我们都精通我们的产品知识，一旦客户有问题，他们一般通过电话就能解决，实在不行，还可以联系别人帮忙。"

原一平强调："你应当记住：关心，关心，再关心。"所以，作为一名销售员，你要做到的是：为你的客户提供最多的优质的关心，以至于他们对想一想与别人合作都会感到内疚不已！成功的推销生涯正是建立在这类关心的基础上。

著名心理学家佛洛姆说：“为了世界上许多伤天害理的事，我们每一个人的心灵都包扎了绷带。所有的问题都能用关心来解决。”这句话给“关心”写下了一个最好的注脚。

6. 谈客户最感兴趣的事

在销售员卡姆的眼里，每一个客户、每一个亲友，对于他来说，都是非常重要的，都是值得关注的。他有一个与众不同的“绝招”，就是：每年当卡姆的亲友或客户的生日到了的时候，都会收到卡姆的庆贺信函或礼仪电报。

这对于一般人来说，通常是难以做得到的，而卡姆确实做到了。因此，在别人的眼里，卡姆常常是世界上唯一不会忘记自己生日的人。

许多年来，卡姆一直都在刺探他人的“情报”，留心打听亲友和客户们的生日。怎样打听呢？虽然卡姆不是那种好打听别人隐私的人，可是在打听别人生日上却是例外。因为，卡姆热衷于“一个人的生辰跟一个人的人生和性情关系的研究”（显然这是借口）。因而他会请求亲友或客户们将他们的生辰告诉他。

当对方说出某月某日时，卡姆就对自己重复地说着这个日子，等对方一转身，他就把对方的姓名和生日记下来，事后再转记到一个生日专用本子上。在每年的年初，卡姆就把这些生日标在他的月历上。

所以，卡姆的成功并不是偶然的。要知道，一个能够年年记住自己生日的人，你难道能不感觉到他的可爱和可亲吗？你难道不乐于和这样的人交朋友、打交道吗？

对他人感兴趣，还要找到客户感兴趣的话题去交流。

在与人交谈时，应注意谈话的禁忌。交谈时最好不要涉及疾病、死亡等不愉快的事，更要注意回避对方的隐私，如：对妇女的年龄和婚姻情况、男士的收信等私生活方面的问题。对方反感的问题一旦提出，则应表示歉意或立即转移话题。谈话时还应注意不要批评他人，不要讥讽他人，对宗教问题也应持慎重态度。

从墙上挂的照片、桌上摆的书籍、玻璃柜子里摆放的物件，你都可以推测出客户的爱好和情趣，也可以从中找到话题。对一个爱好广泛、知识面广的人来说，引人入胜的话题无处不在，销售员在扩大自己的适应能力方面应做出不懈的努力。

有一位名叫克纳弗的销售员向美国一家兴旺发达的连锁公司推销煤，但这家公司的经理仿佛天生讨厌克纳弗，一见面，就毫不客气地呵斥道："走开，别打扰我，我永远不会买你的煤！"

连开口的机会都不给，这位经理实在做得太过分了，克纳弗先生满面羞惭。但是，他不能错过这个机会，于是他就赶紧抢着说，

"经理先生，请别生气，我不是来推销煤的，我是来向您请教一个问题。"

他诚恳地说："我参加了个培训班的辩论赛，经理先生，我想

不出有谁比您更了解连锁公司对国家、对人民所做出的巨大贡献。因此我特地前来向您请教，请您帮我一个忙，说说这方面的事情，帮我赢得这场辩论。”

克纳弗的话一下子引起这位连锁公司经理的注意，他对展开这样一场辩论，既感到惊讶，又极感兴趣。对经理来说，这是在公众面前树立连锁公司形象的大是大非问题，事关重大，他必须为克纳弗先生提供有力的证据。

他看到克纳弗先生如此热情、诚恳，并将自己作为公司的代言人，非常感动。他连忙请克纳弗先生坐下来，一口气谈了一小时又四十七分钟。

这位经理坚信连锁公司“是一种真正为人类服务的商业机构，是一种进步的社会组织”。他为自己能够为成千上万的人民大众提供服务而感到骄傲。当他叙述这些时，竟兴奋得“面颊绯红”，“双眼闪着亮光”……

当克纳弗先生大有收获，连声道谢，起身告辞的时候，经理起身送他。他和克纳弗并肩走着，并伸过臂膀扶搭着克纳弗的肩膀，仿佛是一对亲密无间的老朋友。他一直把克纳弗送到大门口，预祝克纳弗在辩论中取得胜利，欢迎克纳弗下次再来，并希望把辩论的结果告诉他。

这位经理最后的一句话是：“克纳弗先生，请在春末的时候再来找我，那时候我们需要买煤，我想下一张订单买你的煤。”

克纳弗先生做了些什么？他根本没提推销煤的事，他只不过是向经理请教了一个问题，为什么会得到这么美满的结果呢？克纳弗先生抓住了客户最感兴趣的话题，这就是他毕生为之奋斗、弥足珍贵的事业。克纳弗先生对此感兴趣，参与其事，就成了那位经理志同道合的朋友。

一位推销口述记录机的女士对一位男客户说："因为我经常去拜访那些商界的头面人物，所以我了解像您这样的高层主管都很珍惜自己的时间。米切尔先生，我相信您会同意这一点。"

"是的，小姐。时间就是金钱嘛。"米切尔自负地说。

"我也非常珍惜您的时间，先生。所以我想尽量节约时间，今天就把订单交给您，那您要的口述记录机星期五就可以发货了。"

"真是个好主意，不过，我今天下午要乘四点半的飞机离开，接下来的三天我都在外地。所以，我今天真是不想做任何决定。另外，我还得飞往西海岸参加一次重要的合同签字仪式。这样吧，你可以给我一些资料，我带到飞机上去读……"

"米切尔先生，我知道您一定有很多活动安排。但是，我相信像口述记录机这样的小项目根本不用您花时间考虑，您完全可以腾出时间去想别的事情。让我们现在就把这份订单处理掉，我保证等您回来的时候，您要的货已经发出去了；这样，您下个星期就可以用上了。""要是这样的话，当然不错。"

"那好，米切尔先生，请您在这儿签下您的大名。"

一位推销房地产的女士对一位正忙着搬家的顾客说："格林先生，您常常把家迁往一座新的城市吗？"

"信不信由你，我在过去的18年中已经搬过10次了，这一次该是第11次了。"

"那您对搬家很有经验啰？"

"对我来说，搬家只是小事一桩。"格林先生笑着说。

"很好。和您这样懂得购房的人合作应该轻松多了，而那些从未迁家出城的人，要是太太不在身边，自己总是拿不定主意该不该买房。”

不仅仅是男性会因得到虚荣心的满足而决定购买某件商品，这种方法对女性客户同样有效。一名销售员可以运用相似的策略去建立起一位女客户的自主意识，比如说：“我真佩服现在的那些女强人，她们能够做出上一代妇女想都不敢想的决定。”

当一名年轻的销售员拜访比自己年长的客户时，这种方法同样很有效果。销售员说：“我很高兴和您这样果断、富有经验的人合作。您知道，现在有太多的年轻人都不明白该如何拿定主意。”当客户的虚荣心得到满足以后，他们会痛快地购买你推销的商品。

口才锤炼箴言

当一个人被另一个人当成朋友看待时，理所当然地会受到关照。所以请你牢牢记住：有时候，商业上的成功之道不是刻意推销，而是打动人心。要打动人心就要关心对方，找到对方最感兴趣、利益所在的话题。

7. 激发客户的好奇心

许多销售员在接触潜在客户的时候，都会有发生这样的情况，不论所接触客户的方式是电话或面对面的接触，大部分的结果都是以客户的拒绝而收场。

实际上，接触潜在客户是必须要有完整计划的，每当我们接触客户时，我们所讲的每一句话，都必须经过事先充分的准备。因为每当我们初次接触一位新的潜在客户时，他们总是会有许多的抗拒或借口，他们可能会说“我现在很忙”或者“我不需要……”等借口。所以接触潜在客户的第一步，就是必须突破客户这些借口，在最短的时间内唤起客户对你所推销的产品的好奇心。

有一个销售安全玻璃的销售员，他的业绩一直都维持在北美整个区域的第一名。在一次顶尖销售员的颁奖大会上，主持人说：“你有什么独特的方法来让你的业绩维持在顶尖呢？”他说：“每当我去拜访一个客户的时候，我的皮箱里总是放了许多截成15厘米见方的安全玻璃，我随身也带着一个铁锤子，每当我到客户那里后我会问他：‘你相不相信安全玻璃？’当客户说不相信的时候，我就把玻璃放在他们面前，拿锤子往桌上一敲，而每当这时候，许多客户都会因此而吓一跳，同时他们会发现玻璃真的没有碎裂开来。然后客户就会说：‘天哪，真不敢相信。’这时候我就问他们：‘你想买多少？’然后直接进行缔结成交的步骤，而整个过程花费的时间还不到一分钟。”

当他讲完这个故事不久，几乎所有销售安全玻璃的公司的销售员出去拜访客户的时候，都会随身携带安全玻璃样品以及一个小锤子。

但经过一段时间，他们发现这个销售员的业绩仍然是第一名，他们觉得很奇怪。而在另一个颁奖大会上，主持人又问他：“我们现在也已经做了同你一样的事情了，那么为什么你的业绩仍然能维持第一呢？”他笑一笑说：“我的秘诀很简单，我早就知道当我上次说完这个点子之后，你们会很快地模仿，所以自那以后，我到客户那里，唯一所做的事情是：我把玻璃放在他们的桌上，问他们：‘你相信安全玻璃吗？’当他们说不相信的时候，我把玻璃推到他们的面前，把锤子交给他们，让他们自己来砸这块玻璃。”

从头到尾这个金牌销售员都在思考该以怎样独特的方式去吸引顾客的注意，这就是他为什么一直保持领先地位的原因。

开场白也很重要，能不能吸引顾客注意，关键在于开场白。很多销售员都会精心打造他们的第一句话。

专家们在研究推销心理时发现，洽谈中的客户在刚开始的30秒内所获得的刺激信号，一般比以后10分钟里所获得的要深刻得多。

在不少情况下，销售员对自己的第一句话处理得往往不够理想，有时废话甚多，根本没有什么作用。比如人们习惯用的一些与推销无关的开场白："很抱歉，打搅你了，我……""哟，几日不见，你又发福啦！""你早呀，大清早到哪儿去呀？""你不想买些什么回去吗？"在聆听第一句话时，客户集中注意力而获得的只是一些杂乱琐碎的信息刺激，一旦开局失利，以下展开推销活动必然会困难重重。

假设你在迅捷电子公司工作。该公司刚推出一种新款数据机，其速度之快，远远超过市场上同类产品，这种产品的零售价为1500美元。

你登门拜访凯萨琳。她是一家市场调查公司的老板，雇有两名职员，透过国际网络来进行他们大部分的研究。你向她展示公司的新产品后，开口说道：

"凯萨琳，我们的新产品速度很快吧！"

凯（表情欣羡）:“老天，我真想买！可是现在我实在无力添购新配备。我的员工一直加班，但还是忙不过来，我得赶快找个兼职的员工来帮忙。”

“可是这台数据机的速度真的很快喔！”

凯 :“但我真的买不起……”

这样的开场白蠢透了，不是吗？你只想着如何介绍商品的特点，却没有尝试设法解决顾客的困扰。换种方式试试 :

凯（表情欣羡）:“老天，我真想买！可是现在我实在无力添购新配备。我的员工一直加班，但还是忙不过来，我得赶快找些兼职的员工来帮忙。”

你 :“哇，那要花你多少钱呢？”

凯 :“大约 1 年 12 万美元吧！”

你 :“那个兼职员工每周得来多长时间？”

凯 :“大概 15 个小时吧。”

你（掏出笔来）:“让我算算看，我们的新产品比你们现在用的款式，速度快 3 倍，能让你的员工每人每天节省 2 小时。也就是说，两人一天可节省 4 小时，一星期共可节省 20 小时。这样看来，你根本不需要另外聘请兼职人员，对吧？”

凯（仔细检视你的估算）:“嗯。你说这玩意儿一个 1500 美元？”

你 :“对呀，你投资 3000 美元购买两台新型数据机，一年下来还能节省 9000 美元呢！”从顾客的利益角度出发，引起对方好奇心的可能性更大，因为你所说的正是他当下最关心的事。

口才锤炼箴言

开始即抓住客户注意力的一个简单办法是，去掉空泛的言辞和一些多余的寒暄。为了防止客户走神或考虑其他问题，在推销的开场白上多动些脑筋，开始几句话必须是十分重要而非讲不可的，表述时必须生动有力，句子简练，声调略高，语速适中。一些推销高手认为，一开场就使客户了解自己的利益所在是吸引对方注意力的一个有效思路。

第三章　锦心妙口让客户爱上产品

同是一件事，从不同人的嘴里说出来，效果就大不相同，问题就在于说得是不是精彩。人们说："言语为个人学问和品德的衣冠"，这个比喻十分恰当，如果一个人能够用充实丰富的词句，表达明确深刻的思想，并且能够准确清晰地把话说到点子上，那这无疑是个十分聪明的推销高手。

1. 有知识底蕴的闲谈具有吸引力

口才对于销售人员同样具有举足轻重的作用。但大多数外行人对销售人员口才的认识存在很大误区，很多人认为销售人员需要八面玲珑、夸夸其谈：献媚上司，摆平部属，忽悠客户，要把死的说成活的，稻草说成黄金。其实这违背了对销售人员的基本的要求。

那么销售人员需要什么样的口才，销售人员在训练自己的口才时需要注意什么，销售人员如何在谈话中具有吸引力？

在销售工作中，有一些朋友总是抱怨自己没有天生的好口才，在与别人闲谈时常常无话可说。其实，这种想法是很片面的。

口才并不是天生的，或者说只要胆子足够大就可以了，口才是要有足够的知识底蕴作为基础的。只有具有了丰富的知识内涵，才能在与人闲谈中掌握主动权，也才能使你的言谈具有吸引力。

苏秦是我国战国时期一位有名的纵横家。其实纵横家就是一些依靠自己的口才来为各国君主出谋划策的人。换句话说，就是一些靠嘴皮子吃饭的人，而苏秦就是他们中一位杰出的代表。

但是，苏秦并不是一开始就是成功的。他从当时著名的谋略家鬼谷子那里学成出师之后，曾先后去游说过周王、秦王，但都以失败告终。

随后，苏秦落魄地回到家中，家里人看到他趿拉着草鞋，挑着担子，一副狼狈样。他父母狠狠地骂了他一顿；他妻子坐在织机上织帛，连看也没看他一眼；他求嫂子给他做饭吃，嫂子不理他扭身走开了。苏秦受了很大刺激，决心争一口气。

从此以后，他发愤读书，认真钻研“周书阴符”，有时候读书读到半夜，又累又困，他就用锥子扎自己的大腿，虽然很疼，但精神却来了，他就接着读下去。

就这样用了一年多的工夫，他终于使自己的学识又上了一个新的高度。于是他再次出马，以自己苦心钻研出来的“合纵之道”游说各国君主，终于获得了巨大的成功，以致身佩六国相印，以三寸不烂之舌抵挡百万雄兵，成为一个“前无古人、后无来者”的例子。

从苏秦的例子中，我们不难看出，好的口才是建立在深厚的学识基础之上的，如果脱离了这个根本，那么口才就会成为“无源之水、无本之木”，充其量也只能是一种狡辩，根本无法说服他人。

其实，语言的吸引力不仅与口才的好坏，说话的技巧有关，但更与自己掌握知识的多少有密切关系，“腹有诗书气自华”这句话正是这个意思。肚子里没有多少知识的人，说出来的话自然就没有多少吸引力，让人不愿与你交谈。

比如：当你在与客户谈业务时，你除了对自己产品的知识有一些了解外，对于客户聊到的其他话题，你总是觉得自己无从回答。那么，只能使两者的交谈陷入僵局，业务的结果也就可想而知。

可见，拥有丰厚的知识底蕴是非常重要的。如果知识面不够宽广，就算口才再好，技巧再多，也无法说服别人。现实交际中，只有准确、缜密的语言，才能够说服人；只有清新优美，饱含激情的语言，才能够打动人；只有幽默机智，妙趣横生的语言，才能够感染人。

而这些都来源于头脑中的广博知识，那种不学无术的油腔滑调、油嘴滑舌的狡辩不具有吸引力，那种不着边际的、没有什么实际意义的夸夸其谈也不具有吸引力。只有那种以丰富的知识为坚强后盾的交谈，才能够给人以力量、愉悦之感，才能使你的语言具有吸引力。

口才锤炼箴言

口才并不是天生的，或者说只要胆子足够大就可以了，口才是要有足够的知识底蕴作为基础的。只有具有了丰富的知识内涵，才能在与人闲谈中掌握主动权，也才能使你的言谈具有吸引力。

2. 语言魅力使销售更出色

买卖不成话不到，话语一到卖三俏。

销售人员是靠嘴吃饭的，所以，一名出色的销售人员一定有出色的口才。只有有了出色的口才，才能够让客户感受到你的魅力，才乐意购买你的产品。

好的口才能够充分展示一个销售人员的个人魅力，同时也给自己的顾客带来愉悦的享受。

大家都喜欢听故事，所以如果用讲故事的方法来介绍自己的产品，就能够收到很好的效果。

有一次，我在一家商场调研，我来到海尔冰箱的柜台前，我装做顾客的样子对海尔的销售人员说：“你们的质量有保障吗？”

这位销售人员倒没有说那么多，只是给我讲起来海尔的总裁张瑞敏上任时砸冰箱的故事，一个故事讲得我立马对于海尔冰箱的质量肃然起敬了。

任何商品都自己有趣的话题：它的发明、生产过程、产品带给顾客的好处，等等。销售人员可以挑选生动、有趣的部分，把它们串成一个令人喝彩的动人故事，作为销售的有效方法。

所以销售大师保罗·梅耶说：“用这种方法，你就能迎合顾客、吸引顾客的注意，使顾客产生信心和兴趣，进而毫无困难地达到销售的目的。”

销售员：“这位女士，非常感谢您选择我们的××牌吸尘器，为了更好地为您服务，请您填写以下个人信息，成为我们公司的会员吧！这样还可以延长一年吸尘器保修时间。”

顾客：“哦！这倒不错。可是你们不会把我的个人信息泄露吧？上一次就有一个保险公司打电话给我，让我去参加抽奖活动，我根本不认识这家公司。我也不知道我的手机是不是被并机了。”

销售员：“请放心，女士，你的资料我们公司是绝对保密的，这只是方便咱们更好地开展售后服务。此外一张手机 SIM 卡只有一个号码，手机不会被并机的，不过而手机号码前七位是公开的号码段，有些公司会自己去组合一些号码进行拨打，甚至去盲打，只要能拨通就开始推销一些产品。”

顾客：“可是有时候他们连我的姓名和家庭住址都知道！真不知道他们是怎么得到的。”

销售员：“你平时有没有留过联系电话和姓氏、住址等给别人啊？”

顾客（想了想，犹豫地说）:“嗯，似乎没有。”

销售员 :“女士，我之前也曾接到过保险公司打来的电话，向我推销保险，我一接电话他就称呼我的姓，我当时也觉得奇怪，我没有买过保险，也没有留过电话给他们，为什么他们会知道我的资料。后来和这个保险销售员熟了，他才告诉我，他是从网络上一些网民留下的联系方式查到的。”

顾客 :“原来是这样，那没有什么了，售后服务表单填好了，谢谢！”

案例中的顾客行事很谨慎，也很多疑，面对工作人员让她填写售后服务表单，她心存疑虑，生怕公司泄露她的个人信息，并以保险公司打电话指名道姓地找她为例，来质疑公司的用户资料保密性，而工作人员为了打消顾客的疑虑，并没有一味地强调公司的保密制度有多好，而是通过自己经历的一些事情来说明情况，从而让顾客放心填写售后资料表单。

在销售过程中，销售员在强调公司优质服务的时候有许多种常规的方法，无非是展示我们的笑脸、设备、技术、态度等。但是，所有这些展示都停留在描述上，是抽象的。而讲故事传递的东西就多得多。人们对讲故事这种形式并没有特别的防范，他们会在故事中感知销售员意图传递的信息，从而感性地购买了产品。

很多时候，在面对挑剔、谨慎型顾客的时候，销售员不要采用常规的方法一味地去正面解释公司的规章制度，而应该通过为顾客讲述其他顾客的故事，销售员自身的经历等，来向顾客传递自己公司的优质服务理念和保密制度，让顾客感受到自己的利益将会受到保护。

由于现代信息社会的信息安全面临诸多挑战，很多顾客都对各种商场的顾客信息保密制度持怀疑态度，作为销售员，如果只是强调所在公司是不会透露顾客的私人资料，或只向顾客保证不会这样做，这样的解释说服力不强，顾客也会难以接受，适当地用一些有说服力的案例，会让顾客更加心服。遇到类似的情况时，能适当应用平常生活中的实例去向顾客解释，相信会让顾客更容易接受和理解。

口才锤炼箴言

通过为顾客讲述相关的故事，向顾客传递自己的销售意图，让顾客深切地感受到自己的利益将会受到最大的保护。

3. 打动了心就打动了他的钱包

有这样一句话："说话一定要打动顾客的心而不是顾客的脑袋。"为什么要这样说？因为顾客的钱包离他的心最近，打动了他的心，就打动了他的钱包呀！

而打动客户心的最有效的办法就是要用形象地描绘。就像有一次我和太太一起去逛商场，那位买衣服的小姐对我太太说了一句话，使本来没有购买欲望的她毫不犹豫地掏出了钱包，我是拉都拉不住。这个销售人员对我太太说的什么话竟有如此魔力呀？很简单，那句话是："穿上这件衣服可以成全你的美丽"。

“成全你的美丽”，一句话就使我太太动心了。这位女店主真的很会说话，很会做生意。在顾客心中，不是顾客在照顾她的生意，而是她在成全顾客的美丽。虽然这话也是赞誉之词，但听起来效果就完全不一样。

销售员与客户交往好像是在与恋人“谈恋爱”，能够把恋爱技巧运用到推销上的销售员一定是成功的。如果你看上一个女孩，第一次见面就跟她大谈特谈数学、物理、逻辑，那你注定要失败。

同样，销售员如果与客户一见面就大谈商品、生意，或一些深邃难懂的理论，那他一定不会取得客户的好感。

善于辩论，说起理论来一套一套的，可在商场上却四处碰壁的销售员，也不乏其例。

销售员汉特，他曾是大学辩论会的优胜者，便自以为口才非凡，平常说话总是咄咄逼人，可工作几个月后，销售业绩总是排在后面。请看一段他与客户的对话。

“我们现在不需要”。客户说。

“那么是什么理由呢？”

“理由？总之我丈夫不在，不行。”

“那你的意思是，你丈夫在的话，就行了吗？”汉特出言不逊，咄咄逼人，终于把这位客户惹恼了：“跟你说话怎么那么麻烦？”

汉特碰了一鼻子灰出来，还对别人说：“我说的每句话都没错呀，怎么生气了？”他以为自己的语句合乎逻辑推理，却不想他的话一点都不合人情。

销售员与客户结缘，绝用不上什么高深理论，最有用的可能是那些最微不足道、最无聊甚至十分可笑的废话。

因为客户对销售员的警戒是出于感情上的，要化解它，理所当然“解铃还须系铃人”。除了用感情去感化，理论是无济于事的。

以买车为例，销售员除了向客户介绍商品外，还要提供建设性意见。

例如，近来随着国民生活水平的提高，休闲活动已成为美满生活必备的条件之一，特别是久居在紧张、喧嚣的工业社会里，销售员若能为购车的客户提供旅游资料或详细的索引表，安排适当行程等，在驾车出游时无须考虑加油、修护、食宿等问题，又可了解沿途状况或旅游点的情况，这便是对客户提供的优质服务项目之一。

IBM公司在长期的经营中，形成并保持为客户提供良好服务的传统。IBM的领导者认为：贴心的服务是打开计算机市场的关键，IBM就是要为客户提供全世界最佳的销售服务。

老沃森本身就是一个成功的销售员，所以从一开始就十分重视销售部门服务工作的质量，他要求对任何一个用户提出的问题都必须在24小时内给予解决，至少要作出答复。所以IBM的服务效率很高。老沃森不但提出这样的要求，也身体力行，做出表率。

1942年，战时生产局的一名官员在复活节前的星期五下午找到老沃森，要求订购150台机器，并要求公司在下星期一把这些机器运到华盛顿。这是一项非常紧迫的任务，老沃森毫不犹豫地答应下来，并亲自负责这一运送工作。

他在周末早上便吩咐员工打通了全国的IBM办事处电话，命令将150台机器在周末发往华盛顿，并要求他们在每辆运货车开赴华盛顿时打电话给那位官员，把货车的启程和到达时间告诉他，同时还安排警察护送这些昼夜行驶的货车。公司的客户工程师也奉命前往，在乔治镇建立一个小型工厂来负责接受和安装这些设备。

周到的服务、周密的安排，保证了这批机器完好地运送到目的地，为IBM公司赢得了良好的信誉，树立起IBM公司良好的企业形象。

像IBM这样的大公司都如此重视贴心的服务，重视为客户着想，这或许正是它成功的原因所在。

“空中客车”公司是法国、德国和英国等国合营的飞机制造公司，该公司生产的客机质量稳定、性能优良。但是，因为它是20世纪70年代新办的企业，外销业务一时难以打开。为改变这种被动局面，公司决定招聘能人，将产品打入国际市场。贝尔那·拉第埃正是在这一背景下受聘于该公司的。

当时，正值石油危机，世界经济衰退，各大航空公司都不景气，飞机的外销环境相当艰难。尽管如此，拉第埃还是挺身而出，决定大展身手。

拉第埃走马上任遇到的第一个棘手问题是和印度航空公司的一笔交易。由于这笔生意未被印度政府批准，极可能会落空。在这种情况下，拉第埃匆忙赶到新德里，并且会见谈判对手——印航主席拉尔少将。

在和拉尔会面时，拉第埃对他说：“因为您，使我有机会在我生日这一天又回到了我的出生地。”接着，他介绍了自己的身世，说他1924年3月4日生于加尔各答。拉尔听后深受感动并邀请他共进午餐。拉第埃见此情形，趁热打铁，从公文包中取出一张相片呈给拉尔，并问：

“少将先生，您看这照片上的人是谁？”

“这不是圣雄甘地吗？”拉尔回答。

“请您再看看旁边的小孩是谁？”

“……”

“就是我本人呀！那时我才3岁半，在随父母离开印度去欧洲的途中，有幸和圣雄甘地同乘一条船。”

拉第埃说完这些话，拉尔已经开始动摇了。当然，这笔生意也就成交了。

拉第埃的这一招，正应了中国古代兵法“攻心为上”。他的一句话既巧妙地赞美了对方，又引起了对方听下去的兴趣。接着，他用自己的生平介绍解除了对方“反推销”的警惕和抵抗，拉近了双方的距离。最后，又用甘地的照片彻底打动了对方，由此而产生感情共鸣，而这种感情共鸣产生的时候，也正是他适时采用这一攻心战备，才顺利成交。

由此可见，做人要真诚，做事要真诚，做销售更要真诚。

口才锤炼箴言

推销其实就是推销感情，让顾客从心里接受你。真诚打动顾客心，用心拓展客户关系，你的推销就一定能被顾客接受。美国著名销售专家托德·邓肯说：“一段客户关系要想表面看上去正常，首先里面必须是正确的。”

4. 用幽默的语言接近客户

每一个人都喜欢和幽默风趣的人打交道，而不愿和一个死气沉沉的人待在一起，所以一个幽默的销售人员更容易得到大家的认可。

幽默可以说是销售成功的金钥匙，它具有很强的感染力和吸引力，能迅速打开顾客的心灵之门，让顾客在会心一笑后，对你、对商品或服务产生好感，从而诱发购买动机，促成交易的迅速达成。所以，一个具有语言魅力的人对于客户的吸引力简直是不能想象的。

出色的销售人员，是一个懂得如何把语言的艺术融入商品销售中的人。可以这样说，一个成功销售人员，要培养自己的语言魅力。有了语言魅力，就有了成功的可能。

日本推销大师齐藤竹之助说：“什么都可以少，唯独幽默不能少。”这是齐藤竹之助对销售员的特别要求。许多人觉得幽默好像没有什么大的作用，其实是他们不知道怎么运用幽默。

那种不失时机、意味深长的幽默更是一种使人们身心放松的好方法，因为它能让人感觉舒服，有时候还能缓和紧张的气氛，打破沉默和僵局。

据说，美国300多家大公司的企业主管，参加了一项幽默意见调查。这项调查的结果表明：90%的企业主管相信，幽默在企业界具有相当的价值；60%的企业主管相信，幽默感决定着人的事业成功的程度。这一切说明，幽默对于现代人以及现代人的成功至关重要。

幽默要运用得巧妙，有分寸、有品位。运用幽默语言时要注意：千万不要油腔滑调，否则会让人生厌；说话时要特别注意声调与态度的和谐，是否运用幽默要以对方的品位而定。

此外，在你打算轻松幽默一番之前，最好先分析你的产品和你的客户，一定要确信不会激怒对方，因为这种幽默对有些人来说根本不起作用，说不定还会适得其反。

原一平曾经为自己矮小的身材而苦恼。但后来他想通了，遗传基因是难以改变的，克服矮小的最佳办法就是坦然接受，然后设法将这种缺点转化成为优点。

有一次，原一平的上司高木金次对他说："体格魁梧的人，看起来相貌堂堂，在访问时容易获得别人的好感。身材矮小的人，在这方面要吃大亏。你我均属身材矮小的人，我认为我们必须以表情取胜。"

原一平从这番话中获得了很大启发。从那时起，在向客户做介绍时，他就以独特的矮小身材，配上他经过苦练出来的各种幽默表情和幽默语言，经常逗得大家哈哈大笑，大家都觉得他可爱又可亲。例如，他登门向客户推销人寿保险业务时，经常有以下一些对话：

"您好，我是明治保险的原一平。"

"啊，你们公司的销售员昨天才来过，我最讨厌保险了，所以他昨天被我拒绝了。"

"是吗？不过，我比昨天那位同事英俊潇洒吧！"原一平一脸正经地说。

"什么？昨天那个仁兄长得瘦瘦高高的，哈哈，比你好看多了。"

"矮个子没坏人，再说辣椒是越小越辣哟！"

"哈哈！你这个人真有意思。"

就这样，原一平与每一位客户交谈后，双方的隔阂很快就消失了，生意也就做成了。作为一名优秀的销售员，首先要善于推销自己，具备很快接近客户并打消客户戒备和抵触心理的能力，从而达到成功推销产品或服务的目的。原一平很善于推销自己，正是运用夸张幽默的语言表达，才迅速接近了客户，成功地推销了保险。

销售过程中，客户如果对你的产品没有兴趣，他们常常会一言不发。此时，你要设法打破沉闷的局面，无论如何都要想方法逗客户笑。这样，你还可以提升自己的工作热情。当两个人同时开怀大笑时，陌生感消失了，成交的可能性也就更大了。由此可见，幽默具有神奇的魅力。其实，不仅语言可以构成幽默，销售员的形体、表情、动作等同样可以产生幽默感。

金牌销售员贝特经常有奇思妙想，运用一些出其不意的方法赢得客户。

有一次，他用电脑制成了一张乐透彩券，把自己的照片放入号码栏内。然后用彩色打印机印出彩券，再把彩券贴到一张厚纸板上，最后覆以锡纸，制成刮刮乐的表面。上面写着：在直排、横排或对角线中，只要出现三张相同的照片，你就中奖了。

贝特都可以想象对方收到彩券、刮出照片时是怎样一副惊奇和好笑的表情。

贝特把自己制好的彩券寄给了一位久攻不下的难缠大客户。贝特已经连续拜访这位客户一个半月了，却连一面也没见着，打电话，秘书的防护坚硬如墙，把人拒之门外。没想到，贝特寄出彩券的第二天，客户就亲自打电话过来了，说：“你这个人真幽默，我倒想看看制作这张彩券的人到底是何方神圣！”

就这样，不等贝特请求，对方就先说出了见面的时间，后来贝特当然是顺利地做成了一笔大生意。

“幽默是具有智慧、教养和道德上的优越感的表现。”在人们交往中，幽默更是具有许多妙不可言的功能。幽默的谈吐在社交与推销场合是不可少的，它能使严肃紧张的气氛顿时变得轻松活泼，它能让人感受到说话人的温厚和善意。

幽默能活跃交往的气氛。在推销各方正襟而坐，言谈拘谨时，一句幽默的话往往能妙语解颐，使来宾们开怀大笑，气氛顿时活跃起来了。

幽默的语言有时也能使局促、尴尬的推销场面变得轻松和缓，它还能调解小小的矛盾。老舍先生曾经举过一个例子：一个小孩看到一个陌生人，长着一只很大的鼻子，马上叫出来“大鼻子！”假若这位先生没有幽默感，就会觉得不高兴，而孩子的父母也会感到难为情。结果陌生人幽默地说：“就叫我大鼻子叔叔吧！”这就使大家一笑了之。当然，幽默只是手段，并不是目的，不能强求幽默，否则只会弄巧成拙。

幽默还被用来含蓄地拒绝对方，如美国前总统罗斯福当海军军官时，有一次一位好友向他问及有关美国新建潜艇基地的情况，罗福斯不好正面拒绝，就问他：“你能保密吗？”“能！”对方答道，罗福斯笑着说：“我也能！”对方一听也就不再问及此事了。

如果销售员在推销的时候表现出色，那么客户就会愿意从他那儿购物。乔·吉拉德说：“我听到过很多人说他们对外出购车常常感到发怵，但是我的客户不会这样说。当我说与吉拉德做生意是一件很愉快的事情时，我相信这句话并不是毫无意义的。”

成功的销售员大多数都是幽默的高手，因为他们知道幽默会减轻紧张情绪。幽默有助于摆正事情的位置。幽默还是消除矛盾的强有力手段。在尴尬的时候幽上一默，不仅缓解气氛，还能让人感到幽默者智慧的魅力。起润滑作用的幽默是有助于人在各部门中感到舒适自在的一种极佳手段。

一个缺乏幽默感的人是比较乏味的。在推销过程中融进一些轻松幽默不失为一种恰当的策略，同时它也能使生意变得十分有趣。否则，客户就会保持警惕，不肯放松。

一个销售员当着一大群客户推销一种钢化玻璃酒杯，在进行完商品说明之后，他就向客户做商品示范，即把一只钢化玻璃杯扔在地上证明它不会破碎。可是他碰巧拿了一只质量不过关的杯子，猛地一扔，酒杯碎了。

这样的事情以前从未发生过，他感到很吃惊，客户们也很吃惊，因为他们原本已相信销售员的话，没想到事实却让他们失望了。结果场面变得非常尴尬。

但是，在这紧要关头，销售员并没有流露出惊慌的情绪，反而对客户们笑了笑，然后幽默地说："你们看，像这样的杯子，我就不会卖给你们。"大家禁不住笑起来，气氛一下子变得轻松了。紧接着，这个销售员又接连扔了五只杯子都成功了，博得了客户们的信任，很快获得大量订单。

在那个尴尬的时刻，如果销售员不知所措，没了主意，让沉默继续下去，不到三秒钟，就会有客户拂袖而去，交易也会因此而失败。但是这位销售员却灵机一动，用一句话化解了尴尬的局面，从而使推销继续进行，并取得了成功。

需要注意的是，"幽默"在销售中是一把双刃剑，有时能起到推进关系的作用，有时却适得其反。所以，掌握它一定要注意一个度。

通常来讲，具有幽默感的销售员，在日常工作中都会有比较好的人缘，他可以在短时间内缩短与客户之间的距离，赢得客户的好感和信赖。可一旦销售员缺乏幽默感，则不利于与客户的交往，同时会使自己在客户心目中的形象大打折扣。

所以，销售员只有努力做一个幽默高手，才可能向成功之路步步迈进。那么，如何掌握幽默的口才技巧呢？

（1）学会自嘲。

销售员在与客户沟通中，总会有处境尴尬的时候。这时，如果用自嘲来对付窘境，不仅能很容易地打破僵局，而且会产生幽默的效果。自嘲时要对着自己的某个缺点猛烈开火，就很容易达到效果。单凭着这份气度和勇气，客户也不会让你孤独自笑，一般都会跟着附和的。

（2）机智诙谐。

在销售活动中，机智诙谐会让你绝处逢生，柳暗花明。销售员用机智诙谐的语言能有效摆脱自己的困境。在与客户交谈时，可以适当地开一些玩笑，但要注意把握好分寸，不宜过头。

（3）巧用反语。

在一些销售场合，正话反说，反而会让销售员获得出乎意料的效果。例如，某销售员销售电扇，客户一直在挑三拣四地唠叨着。这时，销售员顺着客户的意思说："这电扇确实有点毛病，花那么多钱买到一件不如意的东西真是不划算！"客户一听，反而不好意思再说什么了。

接着，销售员趁机同情地说："电扇的价格比较便宜。电扇比空调省电多了。"站在为客户着想的立场讲话，客户从心里更容易接受你的意见和建议，销售也就变得容易多了。

（4）善用夸张。

根据产品的特点，巧妙地运用夸张的表达方式，往往能引起客户的注意，从而激发他们的购买欲望。有一名销售家庭用品的销售员，每次在销售时都会对客户这样说："我能向您介绍一下该产品怎样才能代替您的家务劳动吗？"虽然产品不一定能完全代替家务劳动，但这样的表达却能吸引客户的注意，从而为你的销售打开一扇门。

（5）反差对比。

把两种毫不相关的观念或事物放在一起，会形成强烈的反差，不禁让人开怀一笑。最常见的笑话就是蚂蚁伸腿绊倒大象的系列故事，正是因为存在差异，所以才让故事醒目和好笑。

销售员也应该体会到这种反差对比的好处。在向客户形象化地介绍产品的时候，多使用反差对比，就会收到意外的效果。

（6）逆转思维。

客户通常都会顺着常理去思考问题。但是，如果把事情转移到一个意想不到的结果上，就会引起他们的兴趣。

口才锤炼箴言

在实际的销售过程中，经常有出乎意料的情况发生，这会打乱你深思熟虑的计划，让你尴尬万分。然而，幽默的语言可以助你一臂之力，化险为夷。当销售的洽谈场面较为尴尬、难堪时，销售员可以用幽默来融洽彼此之间的联系，使场面变得轻松，让客户在会心一笑后，对销售员、产品或服务产生好感，从而请发客户的购买欲望，促成交易的迅速达成。所以，销售员在推销活动中，如能充分运用幽默的语言，必将事半功倍。

5.“卖效果”更能让客户印象深刻

作为一个销售员，在做业务的过程中，最关键的就是把我们的产品介绍出去，如何介绍自己的产品，才能让客户对我们的产品感兴趣，其实是需要技巧和方法的。

把产品的特性转换成特殊利益的技巧，基本上就已能把握住解说产品的关键点。成功的产品说明技巧，能让客户认识他的问题，同时认同你提供的产品或服务能解决他的问题或满足他的需求。

把产品的特性，转换成对客户别具意义的特殊利益，只有特殊利益才能打动客户，让客户产生“想要”的欲望；没有想要的欲望产生，就不会有购买的行为发生。

要有系统地透过一连串需求确认、特性、优点及特殊利益的陈述，引起客户产生购买的欲望。

首先，明确介绍我们产品的目的：要注意提醒客户对现状问题点的重视，让客户了解能获得哪些改善。也就是说我们的产品刚好改善他现存的问题，让客户产生想要的欲望。让客户认同您的产品或服务，能解决他的问题及满足它的需求。

其次是成功说明产品的特征，能毫无遗漏地说出您对客户解决问题及现状改善的效果。能让客户相信您能做到您所说的。让客户感受到您的热诚，并愿意站在客户的立场，帮助客户解决问题。

介绍自己产品的技巧，要掌握一些原则，首先是遵循“特性—优点—特殊利益”的陈述原则。和“指出问题或指出改善现状—提供解决问题的对策或改善现状的对策—描绘客户采用后的利益”的陈述顺序。

在介绍的过程中，依照自己对客户掌握的资料，确认客户的问题点及期望改善点，然后陈述客户目前的状况，指出客户目前期望解决的问题点或期望得到满足的需求。

注意要以客户对各项需求的关心度，有重点的介绍产品的特性、优点、特殊利益。

在做这些工作前首先要了解你的客户的基本情况，了解他的需求点和问题点，然后根据他的需求，来有重点的介绍我们的产品。俗话说知己知彼，方能百战百胜。

某家公司经销一种新产品——适用于机器设备、建筑物清洗的洁神牌清洗剂。老板布置任务后，大家纷纷带着样品去拜访顾客。

依照过去的经验，销售员向顾客推销新产品时最大的障碍是：顾客对新产品的性能、特色不了解，因而不会轻易相信销售员的解说。但销售员赵中却有自己的一套办法。

他前去拜访一家商务中心大楼的管理负责人，对那位负责人说："您是这座大楼的管理负责人，您一定会对既经济效果又好的清洗剂感兴趣吧。就贵单位而言，无论是从美观还是从卫生的角度来看，大楼的明亮整洁都是很重要的企业形象问题，您说对吧？"

那位负责人点了点头。赵中又微笑着说："洁神就是一种很好的清洗剂，可以迅速地清洗地面。"同时拿出样品，"您看，现在向地板上喷洒一点清洗剂，然后用拖把一拖，就干干净净了。"

他在地板上的污迹处喷洒了一点清洗剂。清洗剂渗透到污垢中，需要几分钟时间。为了不使顾客觉得时间长，他继续介绍产品的性能以转移顾客的注意力。"洁神清洗剂还可以清洗墙壁、办公桌椅、走廊等处的污迹。

与同类产品相比，洁神清洗剂还可以根据污垢程度不同，适当地用水稀释几倍，它既经济方便，又不腐蚀、破坏地板、门窗等。您看，”他伸出手指蘸了一点清洗剂，“连人的皮肤也不会伤害。”

说完，销售员指着刚才浸泡污渍的地方说：“就这一会儿的工夫，您看效果：清洗剂浸透到地面上的坑洼中，使污物浮起，用湿布一擦，就干净了。”随后拿出一块布将地板擦干，“您看，多干净！”

接着，他又掏出白手绢再擦一下清洗干净的地方：“看，白手绢一尘不染。”再用白手绢在未清洗的地方一擦，说：“您看，脏死了。”

赵中巧妙地把产品的优异性能展示给顾客看，顾客为产品优异的性能所打动，于是生意成交了。

心理学上有个概念叫“剧场效应”，人在剧场里看电影或看戏，感情与意识容易被带入剧情之中；另外，观众也互相感染，也会使彼此感情趋于相对一致。因而，一些成功的销售员把“剧场效应”运用到推销活动中，同样取得了较好的效果。

就像这个案例中的清洗剂销售员，面对顾客对产品不熟悉的情况，没有单纯地采用“说”的推销方法，而是一边为顾客演示产品一边解说，把产品的性能充分展示给潜在客户，当顾客的右脑感知到这确实是一种好产品时，于是生意成交了。

其实，销售员演示的过程完全出自于左脑的周密计划，它通过右脑的形式有步骤地建立起一种氛围，在一种虚化的感觉中，让客户采取决策步骤。

好的演示常常胜过雄辩。在推销过程中，如果能让顾客亲自做示范，那你就不要动。让顾客做，把他们置身于情景当中，这同样是非常有效果的办法。

口才锤炼箴言

出色的销售员能利用“剧场效应”当众进行产品演示，边演示边解说，渲染一种情景氛围，让那些本来有反对意见的人和拒绝该产品的人做出购买的决策。

6. 用声音留住你的客户

你有没有听过自己说话时的声音？

“我的职业就是营销员，当然天天听到自己的声音了！”

回答这种话的人多半不会听过自己的声音，表面人人都听过自己说话的声音，但事实上却不会仔细地注意听。假如没有倾听过自己的声音，请借用孩子们或朋友的录音机录下自己的声音来仔细听听看。

哪天你不妨录下你自己的声音，或是与太太交谈的声音，下一次再录下你和客户们交谈的声音。想要录下与客户交谈的声音，最方便的方法就是装置窃听器，但我们的目的并不是要窃听客户的谈话，作为不正当的用途，我们只是想创造自己的音色才这么做的。

请你打开录音机的开关，然后闭上眼睛，集中精神凝听自己的声音。

你现在可以听到自己的声音，是不是很自然？是不是能引人入胜？也许你会感到奇怪，这怎么会是我的声音？事实上你现在所听到的声音，正是你自己的声音，但听起来似乎是别人的说话声。

有关调查显示，在给人留下的印象中，声音起 38% 的作用，55% 依靠言行举止，仅仅 7% 决于说话内容。

在这方面，我们的古人曾经总结出一整套“听气”的方法，认为声音处在一个实体中，阴阳二气产生物质，物质就会生出声音，声有刚柔清浊，听声音能体察发声之物的气质，再追索其目的，对其内心活动就可以有所了解了，这样就可以根据一个人的声音来判断人的品质，辨别他的内心活动。

“听气”的基本要点是，每个人的心气都是实实在在的，一定会表现出来。心气粗糙的人声音一般会沉重而散漫，而心气周详谨慎的人，声音就显得平和而有克制；心气鄙陋乖戾的人声音粗野沙哑，而心气宽缓柔顺的人声音就温和圆润。讲信义的人心气柔和平易，讲义气的人心气从容不迫，和气安详的人心气简易随和，有勇气的人心气雄壮奇绝。

宋元公宴请鲁国大夫叔孙昭子，开始酒喝得很高兴。可是喝到最后，两人又突然伤感起来，说话的声音都沙哑了。

当时乐祁陪宴，退下来后对别人说：“国君和叔孙昭子今年恐怕都活不成了吧？我听说，该悲哀的时候却快乐，或者该快乐的时候却悲哀，都是丧失心志的表现，清爽的心志才有魂魄，现在他们的魂魄都不在了，怎么能长久得了？”

就在这一年，叔孙昭子和宋元公真的相继去世。

但是同时，我们不要认为外貌、行为和声音非常优美，就可以胡言乱语。在商界和政界的交际中，必须让人明白我们的讲话内容，否则同样得不到人们的认可，在这儿，表达方式同样是一个非常重要的问题。如果不能清楚地表达自己的观点，就不可能在任何领域取得成功。

有人能清晰流利地表达出自己的意愿，把问题说得比较透彻，言辞也比较动听，使人乐意地接受，能够愉快地做成许多事情，有人却恰好相反，他们不能完整地表达出自己的意图，往往使对方费神去听，却又听不明白，出现所谓的人际交往困难，最后往往不欢而散。

优雅动听的声音能增强说服力，还能使我们在发言时吸引所有听众的注意力。糟糕、令人厌烦、易激怒人的声音，甚至会破坏我们费尽心思建立起来的受人欢迎的形象。

因此，声音是我们在交际中无形的名片，我们必须要慎重对待，不要因此而失分。那么在我们的营销工作中应该具有什么样的声音才能留住我们的顾客呢？

（1）语气要抑扬顿挫、舒缓有力。

许多人对语言的使用方式不太注意。竟有营销员认为：反正言语是用来沟通的，只要将想表达的东西说出来不就行了吗。也有人认为营销员说话术主要是用在反对和拒绝的场合。这些人压根就没有觉察到“营销全靠语言本身的使用方法来决定胜负”。

有这么一个故事：从前波兰有位明星，大家都称她摩契斯卡夫人。一次她到美国演出时，有位观众请求她用波兰语讲台词。于是她站起来，开始用流畅的波兰语念出台词。

观众都只觉得她念的台词非常流畅，但不了解其意义，只觉得听起来非常令人愉快。

她接着往下念，语调渐渐转为热情，最后在慷慨激昂，悲怆万分时戛然而止，台下的观众鸦雀无声，同她一样沉浸在悲伤之中。

突然台下传来一个男人的爆笑声，他是摩契斯卡夫人的丈夫、波兰的摩契斯卡伯爵。

因为夫人刚刚用波兰语背诵的是九九乘法表。

从这个故事中，可以看到，说话的语气竟然有如此不可思议的魅力。即使不明白其意义，也可以使人感动，甚至可以完全控制对方的情绪。那么谁都可以听得懂的本国语不更是如此吗？如果只能说几句杂乱无章、毫无感情的话，想干营销工作恐怕还早得很呢！

所以，遇到重要的部分或需强调的部分，就得以缓慢有力的口气说出。若是平仄抑扬不分的话，客户的印象就不深，左耳进、右耳出。

（2）创造有说服力的声音。

营销员说话的声音必须和音乐一样，能够渗进听众的心中，才能达到说服的目的。

有说服力的声音，起码有七八个音阶，来帮衬声音中的抑扬顿挫，这是一流的营销员应该具有的条件。如果你对自己的工作有浓厚的兴趣和情感，当你在做这件工作时，就会把热情投注其中，自然你说话的声音，就能产生极富说服力的抑扬顿挫的声调。不要犹豫，你要训练自己的声音，使它成为帮助你达到成功的条件。

每一个字，每一个句子，里面所包含的意义、思想或历史，都是意想不到的深宏广阔。在营销员应用这些文字组成词句说出的时候，应该对这些词句所含的意义，有深刻的了解。这些言词，平常营销员就常使用，所以更应该对字句的正确使用法有所认识。

（3）使用买主的语言交谈。

营销员应当使用买主的语言进行交谈，这一点似乎人人都明白，然而，无情的事实却是：我们有许多人并不能做到这一点。

一位采购员用幽默的语调讲述了他碰到的一个不会用客户语言讲话的年轻营销员的经历：

在过去的三个月里，我受命为办公大楼采购大批的办公用品，结果我在实际工作中碰到了一种过去从未想到的情况。

首先使我大开眼界的是一个营销信件分报箱的营销员。我向他介绍了我们每天可能收到信件的大概数量，并对信箱提出一些要求，这个小伙子听后脸上露出了大智不凡的神气，考虑片刻，便认定我们最需要他们的 CSI。

“什么是 CSI？”我问。

“怎么？”他以凝滞的语调回答，内中还夹着几分悲叹，“这就是你们所需要的信箱。”

“它是纸板做的、金属做的，还是木头做的？”我探问。

“噢，如果你们想用金属的，那就需要我们的 FDX 了，也可以为每一个 FDX 配上两个 NCO。”

“我们有些打印件的信封会相当的长。”我说明。

“那样的话，你们便需要用配有两个 NCO 的 FDX 转发普通信件，而用配有 RIP 的 PLI 转发打印件。”

这时我稍稍按捺了一下心中的怒火，“小伙子，你的话让我听起来十分荒唐。我要买的是办公用品，不是字母。如果你说的是希腊语、亚美尼亚语或汉语，我们的翻译或许还能听出点道道，弄清楚你们产品的材料、规格、使用方法、容量、颜色和价格。”

“噢，”他开口说道，“我说的都是我们的产品序号。”

我运用律师盘问当事人的技巧，费了九牛二虎之力才慢慢从他嘴里搞明白他的各种信箱的规格、容量、材料、颜色和价格。

总之，作为一个成功的营销员，你应当时刻不忘去创造你独特的音色，把你的客户牢牢“吸”住！

所以，我们不必抱怨自己天生没有优美动听的声音，因为这也许是一件好事，可以让我们有改善它的余地。作为一个社会人，我们的声音受生活中很多因素的影响，比如成长经历、父母来自什么地方、就读过的学校、周围的伙伴等；

如果想改善自己的声音，我们只需要做出一点尝试和努力就行，并不一定要破费很多。

在改善之前，我们可以问一问周围的亲友和最亲密的同事，他们喜不喜欢我们的声音？他们喜欢什么方面又讨厌什么方面？如果他们看起来有些茫然，不知道如何回答，那我们就告诉他们一个我们自我想象中的声音，或者想要达到理想目标：清晰、圆润、听起来具有权威、吸引人、充满活力、悦耳、令人放心、自信、友善、明智、自然、具有职业特点；并问他们，我们已经具备了哪些，还缺少哪些特质？

改善声音的一个方法是大声地朗读，尽量提高我们的音调，控制朗读速度，我们不一定需要听众，但是我们可以假设面对一群朋友在朗读。如果可能的话，朗读给孩子们听，他们是我们最忠实的听众。如果我们能让孩子们的注意力集中，那就说明我们已取得了成功；如果他们坐立不安，不愿听我们的讲话，那我们还需加倍努力。

在朗读一个阶段之后，我们可以问一问他们是否喜欢听，并请他们说出原因。

第二个方法是给自己录音。假设我们受邀请，作了一个 3 分钟的即兴发言，或者简要介绍我们最近某部作品，或者提出自己的某一个观点，或者描述我们最喜爱的饭店，等等。

把这话录下来，自己反复听，找出问题所在，或者请人帮助提出改进建议，然后再录音，再进行比对，这样才能对自己的声音状况有一个全面的了解，有目标地进行改进。

不要抹掉磁带，将它保留下来，过一个阶段，我们会发现自己的声音有了很大的改善。

经过一系列的训练后，如果仍然感到自己的声音有损自己的形象，我们就需要请教语言病理专家或声训员。他们能指出问题所，提供适合我们条件的改进方法。

毫无疑问，为了改进声音，我们必须费一番心思，但千万不要放弃自己的努力，因为声音在人们对我们的印象中起到 38% 的作用。

口才锤炼箴言

优雅动听的声音能增强说服力，还能使我们在发言时吸引所有听众的注意力。因此，声音是我们在交际中无形的名片，我们必须要慎重对待，不要因此而失分。

7. 运用数字技巧分析顾客嫌贵的商品

一业务员去超市送货，到超市查看完店面产品销售的情况后，同店老板沟通进货的事情，具体沟通内容如下：

业务员：大姐，你瓶装的酱油没货了，给你来一箱，另外我们袋装的酱油卖得也很好，你看前段时间给你上了一箱，货架上也没货了，不行袋装酱油也给你再上一箱吧。

店老板：光来一箱瓶装酱油就好了，你的袋装的也没人指名要，这次就不进了，等把货架上袋装的卖完后再进你的袋装酱油。

业务员：大姐，袋装酱油你就进一箱吧，你本来卖的也挺好的，前段时间进的那一箱这不货架上也没货了吗。

店老板：卖得好什么，等以后再说吧。

业务员：大姐，袋装的你卖的真的挺好。

店老板：好了，别叨叨了。

现在各企业（包括有点规模的经销商）都在培训业务员使用客户资料卡，客户资料卡最终要的一点就是通过店老板具体时段的进货、库存，计算出她一段时间内的真实销售数量。

但在实际订货过程中，却很少有业务员将这些基本的销售内容运用到实际中来，如果上面的业务在实际订货过程中，将店老板什么时间进的货，进货数量是多少，截至目前销售了多少，本产品总共为她赚取了多少利润，而竞品目前的大致销售情况，以及盈利状况这些具体的数字说给店老板听，那将大大增加成交的概率。

业务员的销售话术等存在问题，业务的基本工具客户资料卡不能熟练的应用，同公司主管的随线指导存在一定的关系，但更多的还是业务员自身的问题。

好多业务员认为做销售就是做客情，客情到位了销量自然就上来了，这只是一个片面的看法，只有扎扎实实地把基本功做好，在销售的过程中即做好店面的客情、服务，又能够通过自己对客户资料卡这一基本工具认真的运用，每次都能够使用具体的数字来说服店老板，这样自己的路才能走得长，走得远。

一位销售员正在向顾客推销一台价格不菲的电视机。

顾客："这台电视实在太贵了。"

销售员："您认为贵了多少？"

顾客："贵了1000多元。"

销售员："那么咱们现在就假设贵了1000元整，先生您能否认可？"

顾客："可以认可。"

销售员："先生，这台电视您肯定打算至少用10年以上再换吧？"

顾客："是的。"

销售员："那么就按使用10年算，您每年也就是多花了100元，您说是不是这样？"

顾客："没错。"

销售员："1年100元，那每个月该是多少钱？"

顾客："喔！每个月大概就是8块多点吧！"

销售员："好，就算是8块5吧。您每天至少要用一次吧？"

顾客："有时更多。"

销售员："我们保守估计为每天一次，那也就是说每个月您将用30次。所以，假如这台电视每月多花了8块5，那每次就多花不到3毛。"

顾客："是的。"

销售员："那么每次不到3毛，清晰的画面却能让您看得更舒服。而且LED背光源还具有惊艳卓绝的外观，硬屏面板，从画质到色彩、从功能到外观都很突出，您不觉得很划算吗？"

顾客 :“你说得很有道理，那我就买下了。你们是送货上门吧？”

销售员 :“当然！”

案例中，销售员向顾客推销一台价格昂贵的电视，顾客认为太贵了，这时候销售员需要做的就是淡化顾客的这种印象。于是，销售员开始运用自己高超的数字技术，他先假设这台电视能够使用10年，然后把顾客认为贵了的1000多元分摊到每年、每月、每天、每次，最后得出的数据为每次不到3毛钱，这大大淡化了顾客“太贵了”的印象，最后成功地售出了这台昂贵的家电。

价格异议是任何一个销售员都遇到过的情形。比如“太贵了”、“我还是想买便宜点的”、“我还是等价格下降时再买这种产品吧”等。对于这类反对意见，如果你不想降低价格的话，你就必须向对方证明，你的产品的价格是合理的，是产品价值的正确反映，使对方觉得你的产品物有所值。在销售中，运用数字技巧就可以化解顾客类似的价格异议。这个案例就是其中的典型代表。

可见，销售员在与顾客的沟通中，如果能够在回答潜在顾客的问题时自然地采用数字技巧，那么成交也就不再是难事了。

口才锤炼箴言

当顾客认为你推销的家电价格太贵了时，你可以通过数字技巧向对方证明你的产品的价格是合理的，是产品价值的正确反映。

8. 别让客户开口就说“太贵了”

营销过程中，电话为我们起了不少辅助作用，其中就包括预约客户。只有成功约到客户，才能开展销售活动，而我们发现，销售还未开始，客户就已经十分关心产品的价格问题，在客户提及此事时，无论我们如何应付，都不能让客户在电话里就说出“太贵了”这三个字，否则整个销售活动会因客户对价格的不满而导致失败。

（1）掌握报价原则，留有一定的商讨空间。

小李是一名诚实、厚道的电脑销售员，公司给他的底价是 3200 元，这天，他打听到某公司老总要为员工们更换一批新电脑，于是，他拨通了销售电话。

……

客户：“那么，你介绍的这款电脑怎么卖？”

小李：“您如果要，我给您便宜点，每套就 3300 元。”

客户：“台式电脑还这么贵？ 3000 元行吗？”

小李：“不行，我看你好像是要买好几十台，已经是以最低价给你了。”

客户：“是啊，我一下子就要 20 台，你再便宜点。”

小李：“您要得再多也是这个价，真的不能再少了。”

客户：“也不让点价，你们要不要做生意啊？”

小李：“那就给你 3200 元。”

客户：“就 3000 元。”

……

这桩生意的结果可想而知。因为小李刚开始报价就不合理，一开始便将价格报得太低，那么，价格谈判的主动权就被客户占据了，销售是很难成功的。如果小李把价格定在3500元或是3800元，那么，他就会有许多谈判的空间。也许小李只是想以较低的价格快速交易，但却适得其反。

销售员在电话中报价的时候，要注意以下两个问题。

①报价的时候要给自己留一定的空间，别自断后路。

销售员在报价时，一定要灵活，根据客户具体的购买情况而定，如果客户购买数量较多，在允许的范围内，你可以适当地给客户一定的价格优惠。而对于那些对产品价格很在意的客户，你不妨先重点推荐一款有价格优势的产品，特别是正在做活动销售的产品，其价格比较有诱惑力，先满足客户的通常性需求，先让他对我们信任起来，然后再挖掘客户进一步的需求。

②不要给客户过多空间。

首先，在降价次数上，不要超过两次，不然，客户会以为你本来的报价都有问题，尤其是那些对产品本身价格不了解的客户，会以为自己被骗了，然后强行要求降价。你不妨告诉客户："我们注重的是产品的售后服务，这价格已经是最低的了。"客户自会理解。

其次，增加产品的附加值。销售员可以给客户送些小礼品，有些客户喜欢贪些小便宜，同时，这也能让客户感觉到这已经是底线了，你这是在帮他争取最后的利益，晓之以情，客户也就能体谅了。

（2）转嫁"价格决定权"，学会用"公司规定"几个字。

小吴从事的是保健器材的销售工作。这些天，他销售的是一种按摩仪刚好遇上了做活动，小吴想，这下应该可以多卖几台了。

他给一个潜在客户打了一个电话：

小吴："您经常使用电脑吗？"

客户："是的，工作无法离开电脑。"

小吴："您用完电脑以后一般有什么不舒服吗？"

客户："脊椎啊、腰啊，感觉很疼。没办法，职业病啊。"客户说话倒是很实在。

小吴："是啊，你这需要保健，不然落下病根就不好治了，我们公司的 ×× 按摩仪最近在做活动，搞特价呢，这是一个特别优惠的销售阶段，过了就很难有这样的机会了。您看是否有兴趣？"

客户："原来你是来搞销售的。"

小吴："其实，也是，但是……"

客户："你不用说了，我现在对那什么按摩仪没有兴趣，因为我买过，没用。"

小吴："不是，我的意思是，这次机会很难得，所以，我………"

客户："那你们的价格怎样？"

小吴："现在 ×× 款是 1999，是我们降价幅度最大的。"

客户："能再便宜点吗……"

小吴："我也希望能便宜点卖给您，这样，我的成交量肯定会大点，但没办法，这是公司规定，如果便宜了，低于底价，我就只能自己掏腰包了，可能就是赔本买卖了，您说是吗……"

客户："也是，你们也不容易，那好吧，明天把产品资料带过来给我看看吧……"

类似的销售电话，相信很多销售员都打过，这里的小吴为什么能成功预约客户，因为在客户有价格异议时，他能巧妙地把价格责任推给公司，并说出自己的难处，此时，一般通情达理的客户也就不多为难了。

关于报价，是销售员不得不面对的问题。在很多行业中，价格是公司明确制定的，给予销售员的权限也是一定的。当销售员被问及价格的时候，销售员要学会把这个责任推到负责产品或解决方案的大客户或顾问销售的身上，要向客户申明“这是公司的规定”，这样才会尽可能地避免利润损失的风险。

（3）让客户尝尝“有限”的甜头。

与客户在沟通的过程中，为了避免让客户产生太贵了的想法，我们可以为其推荐一些做活动或减价的产品，但与此同时，又有一个新的问题，客户似乎总觉得价格低甚至免费的产品，在质量和功能上肯定会有缺陷，在了解客户的这一心理后，我们不妨把这种甜头实行一定的限制，一定要说明或塑造产品的价值，别让客户认为你的服务价值为零。

比如，你可以向客户说明，虽然是大减价，但这是限量提供或限期使用的，或者要告诉客户有免费和收费两种版本，免费的是提供体验，通过体验让客户先了解到产品价值，然后在免费期即将到期，再根据客户的使用频率询问其是否为继续使用付费。

口才锤炼箴言

向客户报价，价格范围需要仔细考虑，一般要比公司规定的统一报价要低，比公司规定的底线要高。如果你知道竞争对手的价格，那报价时最好与其相当。这样客户觉得你们企业对其有诚意。保证利润，不可盲目低价倾销。

第四章　让客户能够愿意与你沟通

销售工作实际上就是一项与客户不断保持沟通的工作，谁与客户之间的沟通更为有效，谁就是其中的佼佼者，否则就只能在一次一次的较量中败走麦城。那么，如何赢得客户，如何应对客户的拒绝，如何让客户钟情于你以及你公司的产品呢？只有对产品保持足够的热情，只有热爱自己的事业，并且为此不遗余力奉献的人，才能得到应得的报酬。

1. 巧妙引导，用技巧让客户说“是”

世界著名推销大师托德·邓肯在推销时，总爱向客户问一些主观答“是”的问题。他发现这种方法很管用，当他问过五六个问题，并且客户都答了“是”，再继续问其他关于购买方面的知识，客户仍然会点头，这个惯性一直保持到成交。

他急忙请了一个内行的心理学专家为自己设计了一连串的问题，而且每一个问题都让自己的准客户答“是”。利用这种方法，托德·邓肯缔结了很多大额保单。

由此可见，销售时，销售员刚开始的那几句话是很重要的，例如：

“有人在家吗？……我是××汽车公司派来的。是为了轿车的事情前来拜访的……”

“轿车？对不起，现在手头紧得很，还不到买的时候。”

很显然，对方的答复是“不”。而一旦客户说出“不”后，要使他改为“是”就很困难了。因此，在拜访客户之前，首先就要准备好让对方说出“是”的话题。

关键是想办法得到对方的第一句“是”。这句本身，虽然不具有太大意义，但却是整个销售过程的关键。

“那你一定知道，有车库比较容易保养车子啰？”除非对方存心和你过意不去。否则，他必须会同意你的看法。这么一来，你不就得到第二句“是”了吗？

优秀的销售员一开始同客户会面，就留意向客户做些对商品的肯定暗示。

“夫人，你的家里如装饰上本公司的产品，那肯定会成为邻里当中最漂亮的房子！”

当他认为已经到了探询客户购买意愿的最好的时机，就这样说：

“夫人，你刚搬入新建成的高档住宅区，难道不想买些本公司的商品，为你的新居增添几分现代情趣吗？”

优秀的销售员在交易一开始时，利用这个方法给客户一些暗示，客户的态度就会变得积极起来。等到进入交易过程中，客户虽对优秀的销售员的暗示仍有印象，但已不认真留意了。

当优秀的销售员稍后再试探客户的购买意愿时，他可能会再度想起那个暗示，而且还会认为这是自己思考得来的呢！

客户经过商谈过程中长时间的讨价还价，办理成交又要经过一些琐碎的手续，所有这些都会使得客户在不知不觉中将优秀的销售员预留给他的暗示，当作自己所独创的想法，而忽略了它是来自于他人的巧妙暗示。因此，客户的情绪受到鼓励，定会更热情地进行商谈，直到与销售员成交。

“我还要考虑考虑！”这个借口也是可以避免的。一开始商谈，就立即提醒对方应当机立断就行了。

“你有目前的成就，我想，也是经历过不少大风大浪吧！要是在某一个关头稍微一疏忽，就可能没有今天的你了，是不是？”不论是谁，只要他或她有一丁点成绩，都不会否定上面的话。等对方同意甚至大发感慨后，优秀的销售员就接着说：

“我听很多成功人士说，有时候，事态逼得你根本没有时间仔细推敲，只能凭经验、直觉而一锤定音。当然，一开始也会犯些错误，但慢慢地判断时间越来越短，决策也越来越准确，这就显示出深厚的功力了。犹豫不决是最要不得的，很可能坏大事呢。是吧？”

即使对方并不是一个果断的人，他或她也会希望自己是那样的人，所以对上述说法点头者多，摇头者少。因此下面的话，就顺理成章了：

“好，我也最痛恨那种优柔寡断，成不了大器的人。能够和你这样有决断力的人谈，真是一件愉快的事情。”这样，你怎么还会听到“我还要考虑考虑”之类的话呢？

任何一种借口、理由，都有办法事先堵住，只要你好好动脑筋，勇敢地说出来。也许，一开始，你运用得不纯熟，会碰上一些小小的挫折。不过不要紧，总结经验教训后，完全可以充满信心地事先消除种种借口，直奔成交，并巩固签约成果。

口才锤炼箴言

优秀的销售员可以让顾客的疑虑通通消失，秘诀就是尽量避免谈论让对方说“不”的问题。而在谈话之初，就要让他说出“是”。

2. 在销售中诚信会使沟通更有效

“有才无德，其才难用，有德无才，其德可用”。在如今企业用人的标准中，品德第一，能力才是第二。所以销售员在向客户介绍产品时，要做到公平买卖，不能对客户存在欺骗心理。要开诚布公地与客户交谈，同时，真实地展现产品的质量时，不能有半点虚假和欺骗……

何为诚信？从道德范畴来讲，诚信即待人处事真诚、老实、讲信誉，言必行、行必果，一言九鼎，一诺千金。在《说文解字》中的解释是："诚，信也"，"信，诚也"。可见，诚信的本义就是要诚实、诚恳、守信、有信，反对隐瞒欺诈、反对伪劣假冒、反对弄虚作假。

无论是经营公司还是销售产品，诚信都是最根本的。早在2000多年前，孔子就说过"无信不立"，守信用是中华民族的传统美德。而信誉是看不见摸不着的，它是存在客户心中的，只有客户心中认为你是诚信的，你们才有合作的机会。

日本松下幸之助说过，信用既是无形的力量，也是无形的财富。要销售工作中，更是能体现这句话。信用有了保障那诚信就毋庸置疑。

那么，销售员在工作中，如何才能做到诚实守信呢？

（1）诚实地表达自己的观点。

作为一名销售员，在你与客户见第一次面时，你会发现，客户往往不会对你立刻产生信任，因此，对于你所说的一切，客户会抱着半信半疑的态度对待。

遇到这种情况，销售员不要迷惑，你要做的是，让客户感觉到你是一个守信的人，这才是关键。

国际函授学校丹佛分校经销商的办公室里，戴尔正在应聘销售员的工作。

艾兰奇先生看着坐在面前的这位身材瘦弱，脸色苍白的年轻人，忍不住先摇了摇头。从外表看，这个年轻人显示不出特别的销售魅力。他在问了姓名和学历后，又问道：

“干过推销吗？”

“没有！”戴尔答道。

“那么，现在请回答几个有关销售的问题。”

艾兰奇先生开始提问：“销售员的工作目的是什么？”

“让客户了解产品，从而心甘情愿地购买。”戴尔不假思索地答道。

艾兰奇先生点点头，接着问：“你打算跟推销对象怎样开始谈话？”

“‘今天天气真好！’或者‘你的生意真不错。’”

艾兰奇先生还是只点点头。

“你有什么办法把打字机推销给农场主？”

戴尔稍稍思索一番，不紧不慢地回答：“抱歉，先生，我没办法把这种产品推销给农场主。”

“为什么？”

“因为农场主根本就不需要打字机。”

艾兰奇高兴得从椅子上站起来，拍拍戴尔的肩膀，兴奋地说：“年轻人，很好，你通过了，我想你会出类拔萃！”

此时，艾兰奇心中已认定戴尔将是一个出色的销售员，因为测试的最后一个问题，只有戴尔的答案令他满意，以前的应聘者总是胡乱编造一些办法，但实际上绝对行不通，因为谁愿意买自己根本不需要的东西呢？

讲诚信首先就要把自己的观点开诚布公地说初来，而不是胡乱编造一些话语去应对。销售员如果能做到这一点，就是对客户最大的帮助了。

良好的语言表达能力，不一定就是单一的能说会道，只要你能清晰、真诚地表达自己的思想，诚实地讲明自己的观点就行，因为真正的销售高手并不是那种口若悬河滔滔不绝的人，而是相对诚实，说话中肯的人。

（2）诚实公平地对待客户。

“有才无德，其才难用，有德无才，其德可用”。在如今企业用人的标准中，品德第一，能力才是第二。所以销售员在向客户介绍产品时，要做到公平买卖，不能对客户存在欺骗心理。要开诚布公地与客户交谈，同时，真实地展现产品的质量时，不能有半点虚假和欺骗，也决不能夸大其词，承诺一定要兑现。

（3）诚实面对产品的弱点。

销售员在工作中，会遇到各种各样的问题，但没有比客户问到自己的产品弱点更令人尴尬的事情，问这种问题的客户一般都是关注此产品的时间比较长了，对产品非常熟悉。那么该怎样对待这样的提问呢？

在我们讨论这个问题之前，销售员一定要先搞懂什么是产品的弱点。

产品的弱点是指产品没有质量问题，却在竞争中相对于同类产品处于劣势的产品特点。比如：价格贵、耗电大、包装不美观、样式太老、使用不太方便等等。这些产品弱点有的是为了产品的其他优点而产生的，有的是可以改变的。销售员在回答客户时，一定要对之加以区分。关于产品的弱点更多详细内容会在下面第四章“介绍产品扬长避短”这一节多加介绍，在此就不多言了。

总之，在销售工作中，销售员只要尽自己的力量来做好工作，能诚实守信、实事求是地对待客户，这样才能与客户沟通起来更加顺畅，更能赢得客户的信赖。

口才锤炼箴言

在如今企业用人的标准中，品德第一，能力第二。所以销售员在向客户介绍产品时，要做到公平买卖，不能对客户存在欺骗心理。要开诚布公地与客户交谈，同时，真实地展现产品的质量，不能有半点虚假和欺骗。

3. 让客户从言谈中看到你的责任心

每个人从学说话开始就有了与人沟通的本领，那么，如何才能灵活地运用自己这与生俱来的本领，与客户实现成交呢？

很多销售员认为，良好的沟通能力就是能说会道，在介绍产品时侃侃而谈，在争取订单时游刃有余，其实并非如此。这些只是销售员在与客户沟通时必备的口才技巧，除此之外，销售员还要有良好的心态，其中最重要的一条就是要有责任心，即对产品负责；对客户负责；对公司负责；对自己负责。不仅如此，这种责任心还要让客户从你的言谈体会到。

那么责任心是什么？责任心是指对事情能敢于负责、主动负责的态度。据美国纽约销售与市场协会的一次调查显示，71% 的人向推销人员买东西，主要是因为他值得大家喜欢，尊敬，信任，是个有责任心的人。可见责任对销售员业绩提升的作用之大。

（1）对产品负责任

对产品负责不仅是公司销售员的责任和义务，也是一个公司上到领导层，下到普通员工的共同责任。只有对本公司的产品负责，企业才能争得回头客，才能有长久的发展。

武汉市鄱阳街有一座普通的6层楼房，这个楼房在1997年曾收到了来自英国的一份函件，提醒此楼业主，该楼80年的设计年限已到，敬请注意。原来这座楼房始建于1917年，设计者是英国的一家建筑设计事务所。

经历了80多年，远隔万里的设计单位居然仍对自己的“产品”这样负责！这座楼当时的设计者怕早已不在人世了，建筑工人、工程师大概也都走了。然而，人虽然不在了，责任却没有丢，这个设计所的其他职员，依然承担起对产品的责任。就这样一座远在异国的小楼，却始终有人对它负责，能做到这一点的确令人赞叹。

那么，作为一名有责任心的销售员，如何对自己的产品负责呢？首先，不要将有质量问题的产品销售给客户，即便客户没有发现，也要及时提醒客户；其次，如果销售员在不知情的情况下将有问题的产品卖给了客户，那么在客户找上门之后，一定要主动承担责任，切忌有以下言论：

“产品有问题是售后服务部门，你应该找他们，我不管这事。”

“这款产品质量就这样，一分价钱一分货，我当时让你买贵的，谁叫你不同意来着。”

“先生，你说的这些都是产品本身所拥有的问题，我不是生产部门，给你解释不了。”

“小姐，你看好了，这些产品售出之后，有什么质量问题我们不负责的。”

对自己的产品，以及其相关的附加值负责是一个企业立身之本，也是一个销售员最起码要具备的素质。产品售出后，如果出现销售员难以解决的质量问题，不要与客户争吵，销售员要找多方面人士（比如：产品研发部门、售后服务部门等等）一起研究，给客户一个合理的解释。

（2）对客户负责任

“已欲立而立人，已欲达而达人”，对别人关心体谅，你也将会获得同等的回报。作为一名销售员，只有对客户负责，并关心、体谅他，客户才能把你当作自己朋友，让彼此之间的关系更加亲密，让客户看出你是一个值得交的朋友，是个有责任心值得信赖的人，这样才能有把握抓住机会。

美丽是一家保险公司的销售员，每当她的客户发生意外时，她都会在第一时间拜访他。

一天，她的一名客户所居住的家属楼发生火灾。这位客户在美丽手中买过一份人寿保险，但没有买财产保险。这次客户发生火灾，美丽担心客户的财产受到很大的损失。因为她知道客户没有买财产保险，这次火灾一定让这位客户压力重重。

美丽赶紧拜访这位客户，一见面她就问道：“你们每个人都没事吧？”

接着又说第二个问题：“您有什么重大损失吗？”

第三句话是：“都怪我不好，当时没有坚持请您购买财产保险，以致今天我不能帮您减少损失，为您分担经济压力，我今天只能为您分担精神压力。”

第四句话是：“面对您的遭遇和处境，我非常焦急，也非常心痛，我会尽我所能为您提供帮助。”

美丽在客户最需要帮助、安慰的时候及时出现在他身边，这让客户倍感温暖。在接下来的一段时间内，美丽经常去客户家里陪她聊天，安慰她。并量身为其订制了一份财产保险计划。最后，在不到半年时间内，这位客户购买了这份财产保险。

一位优秀的销售员，总能从客户的角度出发考虑问题，对客户负责，让客户放心购买产品，也只有这样，客户才可能不断与你合作。对客户负责要注意以下细节：

诚实对待客户，不能欺骗客户；

帮助客户选择最适合他的产品，而不是最贵的，也不是你提成最高的产品；

与客户合作要有双赢的理念，即客户赚到钱，你才能赚到钱；

尽你最大的限度帮助客户实现其所想。

（3）对公司负责任

在销售工作中，我们经常可以见到这样的销售员，他们在谈到自己的公司时，使用的通常都是“他们”而不是“我们”；在提到竞争对手的公司时，总认为对方考核制度多么合理，管理多么人性化，对自己公司这一切却嗤之以鼻。这样的销售员对公司缺少一种起码的责任心和归属感。

一位优秀的销售员这样说道：“我属于这个公司，并不仅仅因为我在这里工作，因为我的内心告诉我，我要在我的岗位上做出我的贡献，我必须对我的公司负责。”

的确，一个人究竟属不属于一个公司，并不仅仅在于他是否在公司工作，关键要看他有没有归属感，他的心在不在公司，他有没有为公司负责。只有对公司负责，你才能在公司给你提供的这个舞台上成长、成熟，最后成功。

(4) 对自己负责任

上文我们强调的销售员要“对产品负责、对客户负责、对公司负责”，其实，归根结底是要对自己负责，就像我们经常思考的一个问题：“我在为谁工作”一样，是公司？还是客户？都不是，你是在为自己工作。“负责任、要敬业”应该永远是每个人在工作中遵守的原则，而销售员也应该永远用这样的态度来对待自己的工作。

一个小姑娘在纽约市一家高档裁缝店当打杂女工。她每天都能看到女士们乘着豪华轿车来到店里，在店里试穿她们的漂亮衣服。小姑娘决定也要当老板，成为她们中的一员。

于是，小姑娘每天开始工作之前，都要对着试衣镜，很温柔、很自信地微笑，她假装自己已经是身穿漂亮衣服的夫人，待人接物落落大方，彬彬有礼，工作积极投入，尽心尽责，于是她真的深受那些女士们的喜爱。

不久，女老板把这家裁缝店交给小姑娘管理。又过了不久，小姑娘有了一个响亮的名字——安妮特，最终她成为著名的设计师——安妮特夫人。

如果销售员想成为优秀的销售员，不妨用这种方式来证明自己，把推销产品当作自己的事业，从心里认为这是为自己在工作，而不是为公司工作。

微软公司董事长比尔·盖茨说过：“如果只把工作当作一件差事，或者只将目光停留在工作本身，那么即使是从事你最喜欢的工作，你依然无法持久地保持对工作的激情。但如果把工作当作一项事业来看待，情况就会完全不同。”所以，销售员把推销工作当作自己的事业来看待，这也是对自己负责的一种体现。

总之，责任心是取得成功的基础，没有责任心，再怎么努力也只是海市蜃楼。因此，销售员必须让客户从你的言谈中看到你的责任心，这不是一朝一夕就可以做到的，需要销售员心从一开始就学会对产品、客户、公司、自己负责，并有效地与客户沟通，让客户感觉你值得信赖，只有做到了这些，客户才会从心中认定你是一个有责任心的销售员，才会与你有长久的合作。

口才锤炼箴言

“己欲立而立人，己欲达而达人”，对别人关心体谅，你也将会获得同等的回报。作为一名销售员，只有对客户负责，并关心、体谅他，客户才能把你当作自己的朋友，让彼此之间的关系更加亲密。让客户看出你是一个值得交的朋友，是个有责任心值得信赖的人，这样才能有把握抓住机会。

4. 积极的心态蕴含着无限潜能

销售是一项颇具挑战和倍感艰辛的工作。做好销售工作并非一件容易的事情，来自方方面面的挑战非常多——客户的拒绝、上司的考核、同行的竞争等等，所有的这一切都让销售员感到十分紧迫和危机。所以，销售员一定要具备积极进取的心态。

“不抛弃，不放弃”是电视剧《士兵突击》所沉淀的一种积极进取的人生态度，这部电视剧让无数人为之感动、震撼，它以部队为题材，演绎了一个先天条件很差的士兵许三多凭借执着的精神最终成为一个兵王的故事。在销售过程中，销售员也要有许三多这种积极进取的心态和精神，并把它展现给客户，让客户信赖你、欣赏你，从而达到征服客户的目的。

富兰克林·罗斯福曾说："拥有一种积极进取的心态，胜过于拥有一座金矿。"的确，一个人的改变，主要是源自于自我的一种积极进取，而不是等待什么天赐良机。对于销售员来讲也是如此。

销售是一项颇具挑战和倍感艰辛的工作。做好销售工作并非一件容易的事情，来自方方面面的挑战非常多——客户的拒绝、上司的考核、同行的竞争等等，所有的这一切都让销售员感到十分紧迫和危机。

所以，销售员一定要具备积极进取的心态，只有当销售员的内心对于自己的销售事业及具体的销售活动具有强烈的成功欲望时，才能通过各种方式让自己不断进步，才会使自己在面对客户时更有信心。

不但如此，许多成功的销售经验还表明：积极的心态是成功销售的关键要素。原因是，积极心态会影响你说话的语气、姿势和面部表情，它会修饰你说的每一句话，并且决定你的情绪感受，它还会对你的思想产生影响，进而把这种思想和情绪传染给你的客户。所以，作为一名合格的销售员，一定要通过多种方式培养自身积极进取的心态。

（1）培养强烈的企图心。

比尔·盖茨在谈到他心目中理想的人才时，第一个条件就是：相信自己是"太阳"，具有强烈的企图心。之所以有如此要求，是因为这位拥有世界上无数崇拜者的微软总裁心里明白，如果一个人没有强烈的企图心，那他就没有事业成功的强烈欲望，就不可能把工作做好。

要培养强烈的企图心，销售员就要在内心不断地强化自己的梦想，时刻让自己清醒地知道“我到底想要得到什么？得到这些东西对于我来说有多么重要？我还想得到哪些？”当你的欲望在内心不断得到强化的时候，你的一切行动都会为这些欲望服务，而为了得到更多，你就会继续努力。

（2）以勤奋推动愿望。

俗话说：“一勤天下无难事。”与其说勤奋是一种精神，倒不如说勤奋是成功的基石，是人们实现自己愿望的助力。

成功离不开勤奋，销售也离不开勤奋。从松下幸之助到乔·吉拉德，这些成功人士之所以取得别人难以取得的成绩，固然离不开天时地利，离不开时代赋予的种种机遇以及他们生命底色中某些与生俱来的素质，但不可否认的是，他们背后更多的是靠后天自身的努力与勤奋。

如果说销售有什么捷径的话，那这个捷径就是勤奋了。一名积极进取的销售员最明显的特征就是勤于拜访客户、勤于调查市场、勤于跟客户沟通，也正是他们勤奋的付出，才使他们的成绩优越于其他同事。

（3）寻找一切学习的机会。

一名积极进取的优秀销售员会寻找一切学习的机会来改善工作方法，提高自己。不要抱怨没有学习的时间，其实平时的销售工作就为你提供了大量的、宝贵的学习机会。具体学习的内容，可从以下三个方面入手：

学习有关产品的知识。熟悉本公司产品的基本特征，是销售员顺利与客户沟通并实现成交的必要准备，也是作为一名销售员工的基本职责。销售员除了要了解产品的基本知识以外，还要了解产品的优缺点、竞争对手的情况等等。

学习面销售技巧。销售技巧是销售员永远要学习的主题，无论是拜访客户时的细节、与客户沟通时的技巧还是向客户收款时的窍门，销售员都要不断总结提高。

学习利用现代技术和信息。在新的竞争模式下，销售员不但要熟练使用计算机、网络，还要学会在互联网上挖掘对自己有价值的信息，为自己的产品寻找更加有利的外部环境，从而使成功机会更大。

口才锤炼箴言

> 积极心态会影响你说话的语气、姿势和面部表情，它会修饰你说的每一句话，并且决定你的情绪感受，它还会对你的思想产生影响，进而把这种思想和情绪传染给你的客户。所以，作为一名合格的销售员，一定要通过多种方式培养自身积极进取的心态。

5. 自信是最有力的说服者

一名合格的销售员首先要具备充分的自信，只有让自己先充满信心，才能消除面对客户时的恐惧，才能给自己一个清晰的思路，才能把自己所掌握的产品知识通过语言流畅地介绍给客户。可以说，自信是最有利的说服者。那么，在销售中如何让自己具备充足的自信。

很多刚刚从事销售职业的人都会出现这种情况：拜访客户时到门前犹豫再三不敢进门；好不容易鼓起勇气进了门，却紧张得不知说什么？刚刚开口介绍产品，就被客户三言两语打发出来。有的销售员还不敢给客户打电话，就是打了电话，不是说话太快，就是吞吞吐吐，客户一旦拒绝就几天不敢再打电话。这些都是销售员不自信的表现。

新销售员在一次次的面对客户的拒绝后，便开始怀疑自己的能力，看到身边的同事业绩斐然，常常觉得自己跟别人的差距很大，好像永远也比不上同事，慢慢地，不自信的心理就变成了自卑。

一名合格的销售员首先要具备充分的自信，只有让自己先充满信心，才能消除面对客户时的恐惧，才能给自己一个清晰的思路，才能把自己所掌握的产品知识通过语言流畅地介绍给客户。可以说，自信是最有利的说服者。那么，在销售中如何让自己具备充足的自信呢？

（1）对自己有信心。

自信是心态的核心，也是一切正面思维的源泉。自信几乎贯串于心态的各个方面，一个拥有自信的人，不但做事容易成功，个人魅力还会因此而增加。

小泽征尔是世界著名的交响乐指挥家。在一次世界优秀指挥家大赛的决赛中，他按照评委会给的乐谱指挥演奏。敏锐的他发现了乐谱中不和谐的声音，起初，他以为是乐队演奏出了错误，就停下来重新演奏，但他感觉这种不和谐并非演奏有问题，而是乐谱有问题。

这时，在场的作曲家和评委会的权威人士坚持说乐谱绝对没有问题，是他错了。面对一大批音乐大师和权威人士，他思考再三，最后斩钉截铁地大声说："不！一定是乐谱错了！"话音刚落，评委席上的评委们立即站起来，报以热烈的掌声，祝贺他大赛夺魁。

原来，这是评委们精心设计的"圈套"，以此来检验指挥家在发现乐谱错误并遭到权威人士"否定"的情况下，能否坚持自己的正确主张。前两位参加决赛的指挥家虽然也发现了错误，但终因随声附和权威们的意见而被淘汰。小泽征尔却因充满自信而摘取了世界指挥家大赛的桂冠。

对于销售员也是这样：自信是成功的先决条件。你只有对自己充满自信，在与客户交谈时，才会表现得落落大方，胸有成竹。不仅如此，你的自信也会感染、征服客户，最终促使销售成交。

（2）对销售职业有信心。

"仅有独特的技术，生产出独特的产品，事业是不能成功的，更重要的是产品的销售。"这是1986年索尼的创始人盛田昭夫在其著作《日本·索尼·AKM》一书中写的一段话。

在我们的周围，有不少销售员羞于将自己的职业告诉他人，他们看不起销售这一职业，当然也看不起自己。这样一来，他们的内心就会感到压抑苦闷，工作的积极性就会很低。正如盛田昭夫所说的一样，销售对任何一个企业来说都犹如命脉，而销售员正是这条命脉的缔造者。

销售员要正确认识销售这个职业，对这一职业充满信心，把它看作一项伟大光荣的事业去做，这样在面对客户时，你说起话来才有底气，做起事来才有干劲。

（3）对公司有信心。

“销售员代表公司”这样的语言经常在各大场合被使用，它直接点明了销售员所扮演的角色。销售员的特质就像一个外交官代表国家从事外事活动一样，不但频繁与客户接触，更是代表了公司的一种形象。

正因如此，销售员一定要对自己所在的公司有信心，相信你所选择的是一家优秀的公司，是一家有前途的公司，是时刻为客户、用户提供最好产品与服务的公司。只有这样，销售员在向客户介绍公司和产品时才会有积极的心态，才会把好的信息带给客户，让客户对你和你的公司有信心。

（4）对产品和服务有信心。

在产品和服务高度同质化的今天，同类产品在功能方面没有多大的区别，只要公司产品符合国际标准、行业标准或者企业标准，就是合格产品，也是公司最好的产品，一定可以找到消费者。

无论是销售哪一种产品，销售员一定要在心理上彻头彻尾地认为：你所销售的东西是最好的，只有这样你才能够将这种意识传达给客户，一举攻破客户的心理防线。

总之，没有自信，就没有胆识；没有胆识，遇到客户就不敢说话，更别说与客户有效地沟通了。成绩不佳的销售员，其共同缺点是缺乏自信，日子就在这种恶性循环中一天一天地度过。

所以，要成为优秀的销售员，你就必须鼓起勇气，记住，客户绝不会向没有自信的销售员购买任何东西，这样的销售员会令人讨厌，也会让客户觉得是在浪费自己的宝贵时间。

口才锤炼箴言

一名合格的销售员首先要具备充分的自信，只有让自己先充满信心，才能消除面对客户时的恐惧，才能给自己一个清晰的思路，才能把自己所掌握的产品知识通过语言流畅地介绍给客户。可以说，自信是最有利的说服者。那么，在销售中如何让自己具备充足的自信。

6. 满足客户心理，营造 VIP 感觉

不同的销售员向同一个客户推销同一种产品，明明看到他在与客户闲聊却可以当场成交，为什么你在认真地介绍产品却无法被客户接受？

这时候，销售员要做的就是满足客户的心理。客户真正需要的除了商品，更是一种心理满足。心理满足才是客户选择购买的真正原因。

劳尔是铁管和暖气材料的推销商，多年来，他一直想和某地一位批发商业务范围极大，信誉也特别好的铁管批发商做生意。

但是由于那位批发商是一位特别自负、喜欢使别人发窘的人，他以无情、刻薄为荣，所以，劳尔吃了不少苦头。每次劳尔出现在他办公室门前时，他就吼叫："不要浪费我的时间，我今天什么也不要，走开！"

面对这种情形，劳尔想，我必须改变策略。当时劳尔的公司正

计划在一个城市开一家新公司，而那位铁管批发商对那个地方特别熟悉，在那地方做了很多生意。于是，劳尔稍加思考便又一次去拜访那位批发商，他说："先生，我今天不是来推销东西，是来请您帮忙的，不知您有没有时间和我谈一谈？"

"嗯……好吧，什么事？快点说。"

"我们公司想在 ×× 地开一家新公司，而您对那地方特别了解，因此，我来请您帮忙指点一下，您能赏脸指教一下吗？"

闻听此言，那批发商的态度与以前简直判若两人，他拉过一把椅子给劳尔，请他坐下。在接下来的一个多小时里，他向劳尔详细地介绍了那个地方的特点。他不但赞成劳尔的公司在那里办新公司，而且还着重向他说了关于储备材料等方面的方案。他还告诉劳尔他们的公司应如何开展业务。最后扩展到私人方面，变得特别友善，并把自己家中的困难和夫妻之间的不和也向劳尔诉说了一番。

最后，当劳尔告辞的时候，不但口袋里装了一大笔初步的装备订单，而且两人之间还建立了友谊，现在两人还经常一块去打高尔夫球。

威廉·詹姆士说过："人类本质中最热切的需求，是渴望得到他人的尊重和肯定。"因为渴求别人的重视，是人类的一种本能和欲望。渴望被人重视，这是一种很普遍的、人人都有的心理需求。在推销活动中，客户真正需要的并不仅仅是商品本身，更重要的是一种心理上的满足感。

案例中劳尔最初只是从自己的意愿出发单调地向客户介绍产品，何况遇到的又是自负刻薄的批发商被轰出门外也不为奇。如果你一直在滔滔不绝地介绍自己的产品，而忽略了对客户起码的尊重和感谢，无法满足客户的心理需求。

当劳尔改变了策略“不是来推销而是来求助的”这时，强硬的批发商突然转变了态度，进而热心给予帮助，并且谈话很是友好，不仅拿到了订单而全还建立了友谊，收获颇丰。

其原因就在于劳尔真诚的请教让客户受到了足够的重视，从而满足了批发商对此有着丰富经验的倾诉需求，于是很自然地从情感上对劳尔也表示了认同，促成了这笔交易。

本杰克是一家电力公司的销售员，一天，他来到一所看来比较富有且整洁的农舍门前，不过门只打开了一条小缝，户主切尔太太从门内探出头来。当她得知本杰克是电气公司的销售代表后，便猛地把门关上了。

虽然出师不利，本杰克却并不服输。他决定换个法子，再碰碰运气。他再次敲开门，门只开了一个缝，他大声地说：“切尔太太，很对不起打扰你了，不过我今天来拜访您并非为了公司的事，我只是来向您买一点鸡蛋。”

听到这句话，切尔太太的态度稍微温和了一些，门也开大了一点。本杰克接着说道：“您家的鸡长得真好，瞧它们的羽毛多漂亮，多光滑。您这些多明尼克种鸡下的鸡蛋，能否卖给我一些呢？”

门开得更大了，切尔太太奇怪地问本杰克：“您怎么知道我这些是多明尼克种鸡？”本杰克知道自己的话已经打动了切尔太太，便接着说道：“我家也养了一些鸡，可是没有您喂养的这么好，饲养得这么好的鸡我还真是没见过呢。而且，我饲养的鸡，只会生白蛋，也不知道切尔太太有什么技巧。夫人您是知道的，做蛋糕的时候，用红褐色的鸡蛋，要比白色的鸡蛋好得多。我太太今天要做蛋糕，需要几个红褐色的鸡蛋，所以就跑您这里来了。”

切尔太太一听这话，感到高兴万分，于是不再有丝毫的戒备心理，立刻从屋里跑了出来。本杰克则利用这短暂的时间，瞄了一下四周的环境，发现切尔一家拥有整套的酸奶设备，于是继续恭维道："我敢打赌，您养鸡赚的钱一定比切尔先生养乳牛赚得多。"

这句话说到了切尔太太的心坎里，她十分高兴。因为长期以来，她的丈夫都不承认这件事，切尔太太则总想把自己得意的事告诉别人。他们互相交流养鸡经验，彼此间相处得十分融洽，几乎无话不谈。

最后，切尔太太戴着本杰克送给她的"高帽子"，主动向他请教用电的好处，本杰克给她做了详尽的回答。两周后，本杰克在公司收到切尔太太交来的用电申请书，后来，本杰克便源源不断地收到这个村落的用电订单。

"高帽子"就是对客户的能力和品格进行美化，这是销售成功必备的细节。想想看，谁不愿意听到美化自己的语言呢？谁又不认同美化自己的人呢？找到客户身上的闪光点，将它在合理的范围内合理放大，相信你总会受欢迎的。

好听的话令人感到开心和快乐，而对于说话的人也没有任何损失，何乐而不为呢？如果你能找到客户的闪光点并将其放大，你几乎会比别人少遇到一半的麻烦，它们会给你带来大量的生意。

客户选择购买的主要原因，从心理学的角度分析，是希望通过购买商品和服务而得到解决问题的方案及获得一种愉快的感觉，从而获得心理上的满足。当在生存性消费需要得到满足之后，客户更加希望能够通过自己的消费得到社会的承认和重视。

敏锐的销售员应该意识到，顾客的这种心理需求正好给销售员推销自己的商品带来了一个很好的突破口。真诚地尊重客户，给他们满足感，是打开对方心门的金钥匙。

口才锤炼箴言

销售员要永远让客户感受到自己的重要，多给客户一些关心和理解，对客户的尊重和付出，以满足客户心理上的需求，同样会得到客户的回报。与满足感相对的，是害怕被人漠视的心理。销售员要仔细观察，有时候通过适当的反面刺激，也会达到欲扬先抑的效果。所以在销售过程中，销售员也可以适度地说一些反面的话来刺激客户的自尊心，从而引发他的被重视感的行为，可能会促使客户一狠心买下更贵的产品以显示自己的不容小视。

7. 打破僵局，营造融洽沟通氛围

“您好，我是XX公司的项目型销售人员，我想为您介绍一款我们公司新研发出来的产品……”大家对于这句话的感觉是否熟悉呢？如果有熟悉的感觉，那么我们就需要注意了，这种擅长运用专业化的推销手段其实对于大客户营销上是万万不可取的，在刚开场就一定程度上让客户产生了很强的排斥心理，试问以这样开始的沟通怎么能有一个良好的氛围呢？

与客户的沟通，良好的氛围很重要，许多项目型销售人员在平时的谈话中总能有说不完的话题，能制造周围幽默的气氛，但是在面对客户时却不知道说什么了，控制不了沟通的氛围。这是为什么呢？项目型销售人员如何建立良好的客户沟通氛围呢？在为大家讲述良好的沟通氛围如何建立之前，先分享一个小案例，看看这些地雷区你误入了么。

在分析这一问题之前，首先看看下面这个例子，这是每个项目型销售人员都经历过的与客户沟通地雷的“地雷区”：

A 公司的项目型销售部门是企业整个产业链的驱动力，刚毕业的小 C 已进入公司就加入了项目型销售部门，觉得非常自豪。

“每天就要拜访客户了，我要把我们公司的产品资料背诵好，不要到时出错。”夜深人静时，小 C 还在背着产品的数据资料。

第二天，作为公司的项目型销售代表，小 C 去拜访了一个潜在大客户，他找到那家公司的负责人之后，就开始介绍自己。

“对不起，打扰您一下，我是 A 公司的项目型销售代表，今天专程来拜访您。这是我的名片……”说着把名片递到了那位负责人手里。

“哦，”负责人不置可否地答应了一声。

“我们公司新推出一种产品，今天特地来为您介绍……”小 C 把昨晚背的资料复述了一遍，完全没有感觉到客户不耐烦的情绪。

“啊！又是搞推销的……”客户也不好发作，只得打断小 C，“感谢你花十分钟给我介绍了你们公司的新产品，我了解了，这样，把资料放下，我跟其他部门联系联系，到时候再说，拜拜。”

上面这种情景相信很多从事过项目型销售工作的人都不会感到陌生，“推销味道”浓厚的交谈气氛会使客户心里产生排斥甚至厌恶情绪。它不会给项目型销售人员带来任何美好的回味，相反，大多数项目型销售人员从中感受到的都是郁闷和烦恼，因为无数次项目型销售失败的经历都是由此开始的。

这也被称为客户沟通的“地雷区”，触动这些“地雷区”的典型话语如下：

“对不起，打扰您一下，我是A公司的项目型销售代表，今天专程来拜访您是想向你推销我们公司新出来的一款产品……”

“我们公司新推出一种产品，今天特地来为您介绍……”

“请您赶快签下订单吧……”

“这种商品的价格已经很便宜了……”

“我们公司只对交易额达到10万元以上的客户有优惠……”

这是因为大多数客户都对商业性质过于浓厚的活动抱有防范心理，他们害怕自己的利益受到损失，或者不愿被打扰，因此导致沟通过程中出现阻碍和隔阂。

小王是一家家电商店里MP3的销售员。一天早上，商店刚开门，就来了三位顾客。一位是60多岁的老太太，后面是一对男女朋友。男孩戴一副眼镜，很斯文，女孩则穿着时尚。

小王热情地打招呼：“三位要买些什么？”老太太回头对男孩说：“这个商店的产品全，你给她仔细看看，挑个称心的买。”小王心里明白了，这是婆婆为未来的儿媳妇买MP3。于是，她指着各种各样的产品说：“这些式样你们想看哪一款，我拿出来让这位美女试试。”

三个人都不作声。小王发现，老太太的目光总是停在200多元的一个产品上，而女孩却目不转睛地盯着400多元的一个MP3。这时，男孩的眼睛一会儿望望MP3，一会儿又看看老太太和女孩，脸上露出一些不安的神色。

几分钟过去了，细心的小王从他们的目光中捉摸出老太太想节约一点，买个物美价廉的产品，女孩则希望能买一个上档次的MP3，但两人都不好意思先开口。男孩大概也看出了双方的心情，既怕买便宜的得罪了女友，又怕买贵的得罪了母亲，所以左右为难，一声也不吭。

关于这三人的心理，小王洞若观火，在恰当的时候，小王对老太太说："这款 200 多元的 MP3，虽然价格便宜、经济实惠，但音效一般，平时听听还可以，如果要求高一些，录音效果恐怕就不能使人满意了。"

接着，她又对女孩说："这款 400 多元的 MP3，虽然款式新颖，但颜色均比较深，年轻姑娘用恐怕老气了点，不太合适。"说着，她取出一款 300 多元的 MP3 说："这种型号是我们店最畅销的产品，外观设计很上档次，而且还是今年的流行色，高雅富丽、落落大方，我感觉特别适合这位美女，您试用一下看。"

小王的一席话，使气氛顿时活跃起来，女孩不露声色地笑了，老太太眉开眼笑，男孩转忧为喜。三个人有说有笑地看着这款产品，女孩试用后，十分满意，老太太高高兴兴地付了钱。

在销售过程中，出现一些买与不买的僵局是很正常的事情。但是，只要销售员能巧妙地打破僵局，一桩生意也就做成了。在这个案例中，销售员小王就通过察言观色在无形中化解了三个顾客之间的僵局，成功地卖出了产品。

由此可见，顾客一旦对什么产生了兴趣，一般会立即表现出一种情绪上的变化，这时销售员一定要抓住使顾客产生兴奋的只言片语，及时主动进行攻心以强化顾客的兴趣，达到销售的目的。

而不可避免的，销售员会遇到情绪不好或发生其他意外情况的顾客。这时销售员一定要注意观察，如果可以适当地进行沟通，打破僵局，营造出一个融洽的氛围，销售产品自然就轻松很多。

口才锤炼箴言

在销售过程中，根据顾客的反应进行思考，找到一个恰当的缓冲地带，以打破僵局，引出顾客的兴趣，刺激对方的购买欲，这样才能成功销售产品。

第五章 舌绽莲花让客户“心随你动”

善于利用语言技巧达成销售的无疑是一个成功的销售人员。如果我们希望别人注意我们，必须创造或者借用一些绝妙的好词好句。无论我们是站在台上，面对着几千名观众，或者是在院子里面和家人闲聊，我们都能用这样的技巧来感动别人，取悦或者激励别人。几句得体的语言会使气氛变得融洽，有利于顺利成交。

1. 迷住顾客才能让他守候到底

说客套话的目的无非是为了与客户套近乎，套近乎是交际中与陌生人沟通情感的有效方式。套近乎的技巧就是在交际双方的经历、兴趣、追求、爱好等方面寻找共同点，通过共同的语言，为交际创造一个良好的氛围，进而赢得对方的支持与合作。

外交史上有一则通过套近乎而达成谈判目的的轶事。

一位马来西亚议员去见时任埃及总统的纳赛尔，由于两人的性格、经历、生活情趣、政治抱负相距甚远，总统对这位议员不大感兴趣。议员为了搞好与埃及当局的关系，会见前进行了多方面的分析，最后决定以套近乎的方式打动纳赛尔，达到会谈的目的。

下面是双方的谈话：

议员说："阁下，尼罗河与纳赛尔在我们马来西亚是妇孺皆知的。我与其称阁下为总统，不如称阁下为上校吧，因为我也曾是军人，和阁下一样，跟英国人打过仗。"

纳赛尔："唔。"

议员："英国人骂阁下是'尼罗河的希特勒'，他们也骂我是'马来西亚之虎'，我读过阁下的《革命哲学》，发现阁下除了实力外还充满幽默感。"

纳赛尔（十分兴奋）："呵，我所写的那本书，是在革命之后，用3个月匆匆写成的。您说得对，我除了实力之外，还注重人情。"

议员："对呀！我们军人也需要人情。我在马来西亚作战时，一把短刀从不离身，目的不在杀人，而是保卫自己。”

纳赛尔（大喜）：“您说得真好，真希望您每年都可以来一次。”

此时，马来西亚议员顺势将谈话转入正题，开始谈两国的关系与贸易，并愉快地合影留念。

马来西亚议员运用寻找共同点的办法使纳赛尔从“不感兴趣”到“十分兴奋”而至“大喜”，可见套近乎的工夫不浅。人们从故事中得出一个重要的启示就是，不能打无准备之“仗”，有备而来，才能套得近乎，并且套得结实、套得牢靠。

事实上，销售中的客套话术也与此有着异曲同工之妙。那就是：首先要让客户接受自己，并在彼此之间建立一种友好关系。对销售人员来说，与客户的关系拉近了，才能通过更加详细地介绍自己的产品来吸引客户；客户的注意力被吸引了，才可能对产品产生兴趣，从而激起购买的欲望。谁能快速拉近与客户的关系，谁就拥有更多的商机。

中国香港巨商曾宪梓在发迹之前，曾有一次背着领带到一家外国商人的服装店推销。服装店老板打量了一下他的寒酸相，就毫不客气地让曾宪梓马上离开店铺。

曾宪梓怏怏不乐地回家后，认真反思了一夜。

第二天一早，他穿着笔挺的西服，又来到了那家服装店，恭恭敬敬地对老板说：“昨天冒犯了您，很对不起，今天能不能赏光吃早茶？”

服装店老板看了看这位衣着讲究、说话礼貌的年轻人，顿生好感。两人边喝茶，边聊天，越谈越投机。

喝完茶后，老板问曾宪梓：“领带呢？”

曾宪梓说：“今天专程来道歉的，不谈生意。”

那位老板终于被他的真诚所感动，敬佩之心油然而生，他诚恳地说："明天你把领带拿来，我给你销。"

用你的人格魅力去吸引顾客，也是很好的一个办法。

阿特·海瑞斯是WRGB零售部经理，WRGB是纽约通用电器公司的电视台之一。他认为当销售员吸引住潜在顾客时，才能创造适当的推销环境。

一位先生是个很难对付的脾气暴躁的人。他总是很敷衍地听别人讲话。但在他的办公室中却无线索可寻。海瑞斯又把停车场扫了一遍，也毫无头绪。他在这位先生所在的城市订了份报纸，当时这位先生有一批石油生意要成交。

"报纸的第一期刊登了这位先生的一封信。"海瑞斯说，"他对拆掉一座有80年历史的旅馆不满，那家旅馆是应该被保护的历史建筑。"

海瑞斯马上给这位先生修书一封，对其反抗与不满予以支持，还随信寄去了一本该地区的历史旅游景点手册。

"于是我收到了所有潜在顾客来信中最友好的一封回信。"海瑞斯说道，"只有三个人对其刊登的信予以了评论。他没想到事情这么久仍会有人看到它。"

海瑞斯成功了，这位先生连续六年购买该公司的电视时间。

销售员要走近顾客，但不能莽撞，不要主动说："你有个十岁大的孩子，我也有，他入团了吗？"海瑞斯总是跟着顾客的思路走，顾客不提及家庭，他不会主动提及。"另一位先生与我签订了一份电视时间的购买订单。"

海瑞斯说："当我们熟悉了之后，就一同去了圣地亚哥。在商务或社会活动期间这位先生从未提及家里的事。当他提起不久之后的日本之行时，我也未问他是否与夫人同行。”

后来海瑞斯才知道这位先生刚刚失去了妻子。若他当年问了“你妻子怎么样”这样的问题该有多尴尬。

推销也意味着在双方关系进程中要与对方保持接近，应该像阿特·海瑞斯那样懂得迷住顾客的价值。

以下是优秀的销售人员常用的四种客套话的使用技巧。

（1）使用简明的开场白。

为了吸引客户的注意力，在面对面的洽谈中，说好第一句话是十分重要的。开场白的好坏，几乎可以决定一次销售的成败。好的开始是成功的一半。大部分客户在听销售人员第一句话的时候要比听后面的话认真得多，听完第一句话，很多客户就自觉或不自觉地决定了尽快打发销售人员走还是准备继续谈下去。

销售心理学研究认为，洽谈中的客户在刚开始的几秒钟所获得的刺激信号，一般比以后 10 分钟里所获得的要深刻得多。

开始即抓住客户注意力的一个简单办法是，去掉空泛的言辞和一些多余的寒暄。为了防止客户走神或考虑其他问题，在开场白上多动些脑筋，开始几句话十分重要而非讲不可的，表述时必须生动有力、句子简练、声调略高、语速适中。开场白使客户了解自己的利益所在，是吸引对方注意力的一个有效方法。

（2）通过提问了解客户的需要。

提问是引起客户注意的常用手段。在销售中，提问的目的只有一个，那就是了解客户的需要。“您需要什么”，这种直接的问法恐怕客户自己也不知道需要什么。

销售人员在向客户提问时，利用适当的悬念以勾起客户的好奇心，也是一个引起注意的好办法。优秀销售人员的提问是非常讲究技巧的。

通常提问要确定三点：即提问内容、提问时机、提问方式。此外，所提问题会在客户身上产生何种反应，也需要考虑。恰当的提问如同水龙头控制着自来水的流量，销售人员通过巧妙的提问得到信息，促使客户做出反应。

（3）巧言打动客户的心。

一位销售人员在皮鞋柜台前，对漫不经心走过的客户说了一句："先生，当心摔跤。"客户不由得停下来，看看自己的脚下。这时销售人员乘机凑上前来，对客户会意一笑说："你的鞋子旧了，换一双吧！"

一位远道而来的销售人员与客户洽谈，为了吸引对方的注意，他很喜欢用这样一句话来开始他所销售的产品："说真的，我一提起它，也许你会不耐烦而把我赶走的。"这时客户会很自然地做出如下反应："噢？为什么呢？照直说吧！"不用多说，对方的注意力已经一下子集中到销售人员以下要讲的话题。

为了打动客户的心，销售人员不妨站在客户的角度去思考：究竟是什么因素会使客户认真听取销售人员的介绍？

（4）用旁证引起客户的兴趣。

销售人员广泛引用旁证往往能收到很好的效果。一家著名的保险公司的经纪人常常在自己的老客户中挑选一些合作者，通过他们来找寻新的客户，一旦确定了新的客户，公司在征得该客户的好友某某先生的同意，上门访问时，他这样对客户说："某某先生经常在我面前提到你！"对方肯定想知道到底说了些什么，这样双方便有了进一步商讨洽谈的机会。

口才锤炼箴言

美国著名销售专家托德·邓肯告诉我们，对待不同的顾客，面对不同的情况要采用不同的策略，只有想办法迷住你的顾客，才能吸引顾客守候到底。

2. 客套话不可太随意

客套话是与人沟通的润滑剂。在正式的销售开始之前，几句客套话能拉近你与客户之间的距离。客套话本身并不正面表达特定的意义，但它在销售中是必不可少的。因为客套话能使不相识的人相互认识，使不熟悉的人相互熟悉，使沉闷的气氛变得活跃。

说客套话的目的无非是为了拉近销售人员与客户双方的距离。在实际实流中，客套话随口而出可能是答应对方一些事情，如果你对此没有充分认识，说过就忘记了，那可能就会坏事。因为你可能是随口说说，而对方却放在心上，如果你没有做到，那就是辜负了你自己的承诺，让对方失望了，这样怎么能销售成功呢?

乔·理特奉上司指示，秘密进入某家公司进行消费调查。正巧理特认识这一家大企业公司的董事长，这位董事长很清楚该公司的行政情形，理特便亲自登门拜访。

当他进入董事长室，才坐定不久，女秘书便对董事长说：“很抱歉，今天我没有邮票拿给您。”

“我那 12 岁的儿子正在收集邮票，所以……”董事长不好意思地向理特解释。

理特便说："我有朋友在银行国外科，每天都有许多来自世界各地的信件，有许多各国的邮票，我改天带点过来给您。"

接着理特便开门见山地说明来意。可是董事长却含糊其辞，一直不愿做正面回答。理特见此情景，只好离去。

第二天下午，理特又去找那位董事长，告诉他是专程给他儿子送邮票来的。董事长热诚地招待了他。理特把邮票交给董事长，他面露微笑，双手接过邮票，就像得到稀世珍宝似地自言自语："我儿子一定高兴得不得了。多有价值！"

董事长和理特谈了40分钟有关集邮的事情，然后没等理特开口，他就主动说出了理特要知道的内幕消息。理特没想到区区几十张邮票竟让他圆满地完成了任务。

一句看似平常的客套话，一个真心的举动，一些不值钱的小礼物，打动了董事长的心，理特也顺利地完成了销售任务。

人们常说："要讨母亲的欢心，莫过于讨得她孩子的欢心。"聪明的销售人员应该利用孩子在交际过程中充当沟通的媒介，一桩看似希望渺茫的事，经过孩子的"帮助"，反倒迎刃而解。其实，再强硬、再难打交道的客户，只要能找到他感情的软肋，那么事情就好办。

销售人员越快速地和客户"产生感情"，将产品销售出去的机会也就越大。最好的方式就是与客户聊天，说一些客套话。但是聊天不是毫无目的地瞎说，而要遵守一定的原则与方向。这个原则就是利用说客套话作为销售的引子，将所要谈的主题不知不觉地传递到客户心中。

有句老话叫作"祸从口出"，引申到销售过程中就是指一定要谨言慎行。什么话能说，什么话不能说，都要在脑子里多想几遍，心里有个小算盘。

一对年轻夫妇停在了张良的柜台前。

张良热情地向他们打招呼：“请问两位需要点什么？”

年轻夫妇：“我们想看看冰箱。”

张良：“两位请看这一款，这是刚刚上市的最新款式，噪音小、耗能低，很适合喜欢安静的家庭。”

先生：“这款冰箱的外壳为什么和其他的不一样？是什么材料做的？”

张良：“这是采用科研最新式的材料精制而成，既节省能源又美观大方，目前很受客户欢迎，我们一天要卖出去很多台，现在库存已经没有了。”

女士：“我们很喜欢这一台，但是这种型号的容量太大，对我们这样一个两口之家来说不是十分合适。这样吧，我们再看看其他的，如果没有更合适的，我们就来买这一台，好不好？”

张良为了显示自己的冰箱货好不愁卖，便大方地说：“可以，欢迎您再回来。”

年轻夫妇刚离开，张良的同事小李跑来问张良：“你的那一款冰箱卖得怎么样？我那简直是太难卖了。”

为了不令小李感觉不平衡，张良也假装发牢骚：“是啊，现在库存还一大堆呢！”

不料这话正被返回的年轻夫妇听见，张良顿时尴尬万分。一单生意就这样失去了。

其实，张良也只不过是在和小李的谈话中随便客套几句，随意地附和而已，却没想到因随便说话而丢了一单生意。因此，销售人员应时刻注意自己的言行。

王东是某著名空调厂家的销售人员，两个月以来，他没有卖出任何商品，这在他的销售生涯还是第一次出现。他暗暗发誓：今天一定要卖出一台空调，否则将辞去这份工作。

怀着这样的心情，他敲响了一户人家的房门。

“您好，可以占用您几分钟的时间吗？我是空调的销售人员，这次厂家搞活动，空调降价幅度高达20%，如果您有意向购买空调的话，这是一个绝好的时机。”

女主人露出感兴趣的神态，说：“是吗？我正想买一台空调，我家的刚好坏了。”

经过一番详细介绍，女主人还是犹豫不决：“这真的是最大优惠了吗？我听说另外一种牌子的空调也在搞活动，他们是买一台空调，赠送一台微波炉。你们为什么不这样做？我想我还是买那一家的比较划算。”

王东认为女主人的话有些离谱，就想开个玩笑，于是笑了笑说：“好吧，如果您购买我们的商品，我们就可以赠送给您一台微波炉！”

女主人听后，信以为真，立即打电话给王东所在的厂家，问道：“如果我在贵公司购买空调，是否可以赠送给我一台微波炉？你们的业务员在我这里，是他跟我说的。”

王东所在的厂家十分重视此事，为了维护公司的信誉，以及对王东的这种不负责任的承诺的惩罚，公司决定：卖给这位女士空调，而且按照承诺，赠送给她一台微波炉，只不过微波炉的钱由王东来出。从此以后，这件事就成了公司教导其他员工的反面教材。

在交际场上，说出去的话就像泼出去的水一样，无法收回。

“不管怎么样，这次价格让您便宜两成！”

“无论什么时候都免费进行维修！”

“这个和那个就白送给您了！”

销售人员在总想卖出、让对方买下的心理的支配下，很容易会无意中说出多余的客套话来，而给对方额外的许诺。

因此在说出没有商量余地的客套话之前，一定要在脑子里盘算一下，必须明确表明：在某种范围内自己要承担一定的责任。

处理纠纷时更必须注意不要做口头上的许诺，千万不要为了安慰对方而说出对自己、对自己公司不利的事，如果对纠纷内容没有十分的把握，就不要依对方所说的去办。

“我方将很快做出处理，请原谅！”“那件事，我会负责的。”“这个我知道怎么处理！”等慎用。俗话说：“君子一言，驷马难追。”答应别人的许诺是要兑现的，即使客套话也不例外。

当今社会，说话开“空头支票”已成为一些人的习惯，嘴上说得好听，做起来却是另一套。一旦时间久了客户认清了你的本来面目，你说得再好听也无法把话说圆。

“空头支票”是个人信用的组成部分，一旦开出而不能兑现，必然使自己的信誉度降低，因此，“空头支票”还是少开为佳。轻率地许诺，很容易被抓住这样的把柄：

“那时你曾发话，责任由你承担的！”

“你向我们许诺过！”

不要在纠纷的当场许下诺言，而应该采用以下的话来平息纠纷：

“我们一定会努力查明问题的真相！”

“待和上司商量后，我们将酌情妥善做出处理！”

“这件事还是让我考虑考虑吧。”

“我试着做吧。”

有时语言表达容易含糊不清，所以一旦找到对方能理解的妥协点，就要清楚说明哪些能做、哪些不能做，而认真地予以解决。如果有可能的话，最好将其付诸书面形式，处理纠纷也是商业交涉，最后一定要弄得一清二楚。

如果你总是对客户开“空头支票”，这个“行”、那个“没问题”，但又不付诸实际行动，那么你将失去客户的信赖，与客户的关系也难以维持下去。

口才锤炼箴言

日本“销售之神”原一平曾经这样说：“当客户愿意与你沟通的时候，就相当于成功了一半。”对于销售人员来说，拉近与客户的关系是促成销售成功的第一步。有各种各样的方法可以缩短与客户之间的距离，其中语言技巧是重要的方法之一。

3. 用客套话应对冷落和冷场

对于销售人员来讲，销售过程是一个主动去与人沟通的过程。正因为是主动，就不可避免地存在一些被不想购买东西的客户故意冷落的现象。

一次，小李在一位客户的办公室外等他，由于没有提前预约，客户的秘书知道他是一位销售人员，因此她不打算把老板的工作行程告诉他，并故意不跟小李说话，冷落小李，希望小李自动离开。

这时，小李突然注意到在秘书的桌上放着一本厚厚的畅销书。于是，他问秘书小姐说：“这本畅销书你看了没有？”秘书回答说：“正在看！”他又问：“你觉得这本书有趣吗？”

她坦率地说：“只是有点枯燥无味，不过快要看完了。”

“我也读了这本书，完全不是因为兴趣，而只是为了学习它的知识。我再推荐给你几本既有趣又值得学习的书吧。”小李再度打开话匣子。

秘书回答：“你怎么跟我的想法一样？看来我们在某些地方的看法还是很相似的。哦，对了，刚刚我查了老板的行程表，他今天下午 4 点钟会有半个小时的空闲时间。”

客户如此，只是想通过对销售人员的冷落来传达一种“我对你的产品不感兴趣”或“我根本不想买你的产品”的信息，这种冷落法看起来好像很难破解，因为即使客户是正面拒绝，他也要跟销售人员进行对话沟通，只要存在沟通，销售人员就有很多的机会完成从拒绝到接受的销售过程。

但是，面对一个完全拒绝沟通的客户该怎么办呢？这时，客套话就发挥了它积极的作用。化解被冷落的场面，说一些对方感兴趣的客套话，这是销售人员应该掌握的基本技能。

要知道，如果一个销售人员仅仅是因为受到了冷落而打退堂鼓的话，那他一定不会成为一个成功者。怎样才能走出被人冷落的窘境呢？

（1）接受冷落的沉默语言。

这是至关重要的一步。也就是说，面对被客户冷落的现象，你应当承认并且接受。事实上，每一个销售人员或多或少，或轻或重，都会遇到过冷落，不管你是自觉的还是不自觉的、情愿的还是不情愿的。因此，面对冷落，销售人员应当采取承认的态度，就是说要有接受冷落的心理准备。

当然，承认冷落的存在，并非是承认它存在的合理性，而是承认它存在的客观性。承认了此种矛盾存在的客观性，也就承认了解决此种矛盾方法存在的必然性。唯其如此，你才会直面冷落，既不回避，也不惧怕。

（2）敢于表现出坚持不懈的勇气。

销售人员在受到冷落之后，往往会产生退却心理。但对于一个优秀的销售人员来说，越是受到冷落的重压，越应当自我表现出坚持不懈的勇气。这样不仅可以扭转被冷落的尴尬局面，而且也有助于改变客户对销售人员的偏见和误解。

（3）平息抱怨的反省语言。

每逢遇到冷落，你有时难免会生气，这是可以理解的。但是，过多的自我抱怨，又恰恰是战胜冷落的大忌。但凡经历过冷落的人，大都有这样的感觉，抱怨冷落的结果只会助长受冷落压力的程度。

（4）勿失自信的至理名言。

遭遇冷落，很容易使一些意志薄弱的销售人员失去自信心。不知你是否还记得这样一句至理名言："自信人生二百年，会当水击三千里。"这是何等博大的胸怀，何等硕大的气魄。数风流人物，大凡事竟成者，无不是自信人生的典范。殊不知，在成功的道路上，他们何止只受到冷落而已！

（5）主动感化的态度语言。

有的销售人员在处理与客户之间的关系上有一种看法，即你对我好，我就对你好；你看不上我，我也不买你的账。这至少是一种不够大方的姿态。当然，人与人之间的交流是双向的，有时做一些必要的让步和牺牲，会取得意想不到的效果。

（6）谈论双方有共同点的话题。

对方的不善言谈在销售过程中很容易使局面陷入尴尬。要想成为销售高手，必须掌握场面上没话找话的诀窍。没话找话的关键是要善于找话题，或者根据某事引出话题。因为话题是初步交谈的媒介，是深入细谈的基础，是纵情畅谈的开端。

没有话题，谈话是很难顺利进行下去的。好话题的标准是：至少有一方熟悉，能谈；大家感兴趣，爱谈；有展开探讨的余地，好谈。

那么，怎么找到话题呢？

（1）众人都关心的话题。

面对销售对象，要选择客户关心的事件为话题，把话题对准客户的兴趣。这类话题是客户想谈、爱谈、又能谈的，自然能说个不停了。

（2）借用新闻或身边的材料。

巧妙地借用彼时、彼地、彼人的某些材料为题，借此引发交谈。有销售人员善于借助对方的姓名、籍贯、年龄、服饰、居室等，即兴引出话题，常常收到好的效果。“即兴引出”法的优点是灵活自然，就地取材，其关键是要思维敏捷，能作由此及彼的联想。

（3）提问的方式。

两个不太熟悉的人互相交流时，冷场是经常可能出现的情况。向河水中投块石子，探明水的深浅再前进，就能有把握地过河；与陌生人交谈也如此，先提一些“投石”式的问题，在略有了解后再有目的地交谈，便能谈得更为自如。例如，“您工作最近忙吗？”“您孩子多大了？”等。

销售过程中常见的客套话如下：

青竹商城刚刚开业，为了有一个好的开始，商城的老板对所有的销售人员宣布：“谁做成了第一笔生意，谁就将获得1 000元奖金。”为了得到这1 000元奖金，所有的销售人员都使出了浑身解数。

然而，销售人员都清楚，来到刚刚开业的商场，大多数的客户都持有一种“看看这里到底怎么样”的心理，真正想要购买商品的客户只占很少一部分。

有几位客户进门了。其中有一位女士停在了小王的化妆品专柜前，小王抓住这个时机，热情地招呼说：

“您好，欢迎光临，有什么要我帮忙的吗？”

女士没有说话。

小王又问：“您看中了哪一种？需要我给您建议吗？”

女士有些不耐烦地说：“我随便看看！”

情况突然陷入了沉默。但小王决定不放过这次机会。眼看女士马上就要离开，小王稍稍提高了声音说道：“其实您的皮肤很好，不涂任何化妆品都会很好看。”

女士听了这句话很开心，但还是没有打算买东西的样子，却不急着离开了。小王又说：“但是也不能不注意保养，只有保养得好，皮肤才不容易衰老。如果不注意保养，再好的皮肤过了 25 岁都会开始衰老，挡也挡不住。等到那个时候再开始保养，就已经来不及了。”

女士抬起头说：“那什么样的保养品比较好呢？”

“您属于混合性皮肤，根据我的经验，您应该适合这一种。”说着，小王从柜台里拿出了一瓶化妆品。“这个牌子的化妆品质量好，效果也好，而且价钱也不贵，更重要的是厂家已经有一百多年的历史了，品质绝对是信得过的，您可以放心使用。”

女士有些犹豫不决，拿着瓶子闻了又闻。

小王见状又说：“这种是雨天过后小草的清香，刚开始闻可能不太习惯，但是它的确很迷人，可以给人一种清新的感觉，这跟您的气质也很适合。而且我们商场刚刚开张，肯定是全市最低价。”

女士听了，不再犹豫，随即买下了这件商品。临走时她对小王说：“你真是厉害，其实我本来只是打算随便看看的，昨天刚买了一瓶，你看，在你的劝说下，我又买了一瓶。”

最终，小王赢得了那份奖金。

小王的成功之处就在于说了一些客套话，避免冷场，因为一旦冷场，就给客户制造了离开的机会。

（4）找到共同爱好。

问明对方的兴趣，然后发问，能顺利地进入话题。例如，对方喜爱足球，便可以此为话题，谈最近的精彩赛事、某球星在场上的表现以及中国队与外国队的差距等，都可以作为话题而引起对方的谈兴。引出话题，类似“抽线头”“插路标”，重点在引，目的在于引导对方聊天。

孔子说，“道不同，不相为谋”。只有志同道合，才能谈得拢。

中国有许多“一见如故”的美谈。陌生人之间要想谈得投机，要在“故”字上做文章，下面是变“生”为“故”的几个方法。

① 适时切入。

看准情况，不放过应当说话的机会，适时插入交谈，适时地自我表现，能让对方充分了解自己。交谈是双向活动，光了解对方，不让对方了解自己，同样难以深谈。客户如能从你“切入”式的谈话中获取有用的信息，双方会更亲近。适时切入，能把你的知识主动有效地传递给对方，实际上符合互补原则，奠定了“情投意合”的基础。

② 借用媒介。

寻找自己与客户之间的媒介物，以此找出共同语言，缩短双方距离。例如，见客户手里拿着一件什么东西，可问：“这是什么？……看来你在这方面一定是个行家。正巧我有个问题想请教你。”对客户的一切显出浓厚兴趣，通过媒介物引起客户注意，交谈也会顺利进行。

③ 留有余地。

留些空缺让客户接口，使对方感到双方的心是相通的，交谈是和谐的，进而缩短距离。因此，和客户交谈，千万不要把话讲完，把自己的观点讲死，而应是留有余地，欢迎探讨。

例如，面对冷落你的客户，早上见面时，你可以主动上前去问候一声“早上好”；周末之余、节假日里，可以主动邀请对方去参加一个舞会，或者就近做一次短程的旅行；当对方乔迁新居时，可以主动去当个帮手等。如果你能这样去想、去做，是完全有可能改变对方的态度的。有道是：“精诚所至，金石为开。”此时在客户的心目中就会成为值得信赖的销售人员。

口才锤炼箴言

对于一个优秀的销售人员来说，越是受到冷落的重压，越应当自我表现出坚持不懈的勇气。这样不仅可以扭转被冷落的尴尬局面，而且也有助于改变客户对销售人员的偏见和误解。

4. 客户愿意倾诉销售就成功了一半

销售工作的前提就是要与客户进行有效沟通。当客户一言不发时，通常情况下意味着他对你的销售存在排斥心理。这时，就要想方设法地打开客户的“话匣子”。

某城市中有一家生意很好的包子店，地点选得极佳，装潢也很别致。一天，一位销售人员登门拜访想向老板销售绞肉机。

当这位销售人员步入店中的时候，老板正在做包子，根本没时间搭理他。后来，遇到老板娘，销售人员向她打了个招呼，却也被尴尬地“晾”在一边。

销售人员决定改变一下沟通策略，于是一周后再次访问包子店。

这次，一进门，销售人员便首先选购了10个包子，并请老板代为包好，又买了两个放在盘子里，一边品尝，一边和老板聊了起来。

“老板，您做的包子很好吃，皮很有嚼劲，里面的馅一点都不粘牙！您是怎么做的？用的是什么蒸笼？还有您的豆沙馅甜而不腻，用的是砂糖吗？”这一连串的有关包子的问题激发了老板的兴趣。

“是啊，先生，您真有眼力。讲起包子，馅最重要，绝不能直接掺糖水。您说这包子皮很好，真是个行家！”

销售人员赶忙说道：“哪里，哪里，是您的包子做得好！”

老板接着继续说：“这包子皮是我用擀面杖一个一个擀出来的，而不是用机器压出来的。机器压的快是快，可是客人们吃起来没有嚼劲。总归一句话，做生意不完全是为赚钱啊！要让客人们尝尝我的好手艺……”

说到这儿老板突然想起什么似的说道：“啊！对啦，我记起来了，您前些日子来过一次，有何贵干吗？”

“噢！我是食品加工机械厂的销售人员。上次来本想给您介绍一个好帮手，但恰巧您生意很忙，不便打扰。今天我是专程来买您的包子作为礼物送给朋友。喔！那里摆的那个盆景也是您的杰作吗？真看不出来，您也喜欢盆景！”

“先生，您说给我介绍好帮手，是什么好帮手啊？”

……

最终，这位销售人员如愿以偿，也让包子店老板觉得认识了一位知己，双方都很高兴。这位销售人员此次面谈的成功，就在于他用提问的方式来说话，而且他所提的问题都是客户最熟悉、最得意的事情。

但凡客户不愿说话，有下列5种原因：

①客户担心自己一旦开口，销售人员会更加积极鼓励自己买他的东西；

②不讲话，使销售人员摸不清自己的底细；

③性格本来就是沉默寡言；

④因为讨厌对方，所以不讲话；

⑤不知道说什么才好。

事实上，不愿讲话的客户并非绝对不开口，只要有恰当的话题和氛围，他也能谈得很开心。而销售人员就要从这里入手，针对客户关心的事情，提出问题，去征求他的意见，一定能与客户愉快地谈起来。

因此，结论是：对于不爱讲话的客户，要先问他，引他讲话。

你一定在电影上看过那些资深的律师，在法庭为被告辩护时，一定是一步一步诱导原告说出对被告最有利的情况。所以销售人员在交谈中，要设法激发和引导客户谈话。

日本的井植薰最初在松下幸之助的松下电器公司工作，后又在三洋电器公司工作，担任三洋电器公司的总经理。他从事实用电器企业经营管理的时间很长、经验很丰富，而且别具一格，在日本可算是一位著名的企业管理家。

有一天，他来到一家零售商店，和老板寒暄了几句后，就谈起了这个店的销售情况。谈话间，有个小孩来店里买灯泡。井植先生中断了与老板的谈话，站在一旁看着老板拿出一个灯泡交给孩子，收钱、找钱，孩子离去。

“老板，刚才的孩子是谁家的？”

“不知道，大概是附近的吧。”

“平常你就是这么做生意的吗？这样，你的店是不可能发展的。你为什么在男孩来买灯泡的时候，不向他多说几句话呢？”

“我不是卖了灯泡吗？钱也赚了。”老板有些不服气，“你说还应该怎么办？”

“失礼了，要是我就这么办。”井植先生对老板说：“在小孩来店买东西的时候，如果我不认识这个孩子，我就和他交谈起来，问他的家住在什么地方，家里有些什么人，并说上几句客套话，‘小朋友，上几年级了，长得可真高啊！’在拉家常时，我把灯泡卖给他，并说，‘回去用了灯泡，看好不好用，如果不好，就让妈妈来退；如果好，告诉我，让我知道，好吗？’这样，他们全家都知道了有这么一个热情的电器商店，下次再买电器，肯定还会来这买的。你说是不是？”

老板醒悟过来，说：“做生意还有这么多的学问，以后我也试试。”

井植薰认为，要和客户多说话，要设法让客户多说话，并在和客户商谈过程中，使客户自愿购买产品或提出要求、意见和建议。这就是井植薰的销售观。

作为销售人员，你必须能说会道，只有这样，客户才能了解你的产品。尽量让客户多说话，是一种高明的做法。这样，一是可以满足客户向人倾诉的心理愿望；二是可以了解客户的基本情况和需要。这样销售起来就能做到有的放矢、易如反掌。

最后，应该引起注意的是，诱导对方做出你所期待的行动和态度的关键，还在于你说话的语气和态度，这也是不容忽视的。

口才锤炼箴言

投其所好，找出你与客户的相似点，攻破客户的心理障碍从而打开客户心门，赢得好感从而与客户能像朋友一样谈生意是销售成功的前提。

5. 说客套话“礼”字当头

中国是礼仪之邦，商谈时能否顺利达到目的，一个“礼”字有时会起到很大的作用。

营业员张琪是一个大大咧咧的女孩。一天，一个小男孩来到她所在的玩具部，张琪看见小男孩长得十分可爱，就想逗一逗他，于是顺嘴就说：“小破孩想买什么呀？”

小男孩看了看她说：“我才不是小破孩呢！阿姨不懂礼貌，我不买阿姨的东西了。”然后转身跑了。

张琪笑了笑，认为是小孩子调皮，就没放在心上。

过了一会儿，又来了一位白发苍苍的老人，张琪观察了一下，发现这位老人很可能是给孙子选玩具的，因为他总是看男孩类的玩具。张琪为自己的观察仔细窃喜不已，为了抓住这笔生意，她又主动开口打招呼说：“老头，我建议你还是买那种冲锋枪吧，现在的淘气孩子都喜欢玩这个！”

正拿着一个小汽车的老大爷听了，什么也没有说，就放下了手中的玩具，离开了。

张琪的失败就在于不懂礼貌，虽然她没有什么恶意。据调查发现，没有素质的销售人员是最不受欢迎的人。要想让客户认可你的商品，首先就要让他们认可你这个人。素质好的销售人员更容易赢得他人的好感，也更容易赢得他人的信赖。谁会愿意买一个没有素质的销售人员的东西呢？

在销售过程中，讲礼貌的重要性是不容忽视的。“人而无礼，不知其可”，粗俗的言行与得体的言行将产生截然不同的效果。

和客户打交道，总是以称呼开头，就好像是一个见面礼，又是进入销售工作的通行证。称呼得体，可使对方感到亲切，交往便有了基础。称呼不得体，往往会引起对方的不快甚至愠怒，双方陷入尴尬的境地，致使销售受阻甚至中断。那么，怎样称呼才算得体呢？

（1）考虑对方的年龄特征。

见到长者，一定要用尊称；另外，还需注意，看年龄称呼人，要力求准确，否则会闹笑话。例如，看到一位20多岁的女子就称“大嫂”，可实际上人家还没结婚，这就会使人家不高兴。

（2）考虑对方的职业特征。

如今人们相互之间的称呼越来越多样化，既不能都称“师傅”，也不能统称“同志”。例如，对外企的经理和外商，就不能称“同志”，而应称“先生”“小姐”“夫人”等。对刚从海外归来的港台同胞、外籍华人，若用“同志”称呼，有可能使他们感到不习惯，而用“先生”“太太”“小姐”称呼倒会使他们感到自然亲切。

（3）考虑对方的身份。

有位大学生一次到老师家里请教问题，不巧老师不在家，他的爱人开门迎接，当时不知称呼什么为好，脱口说了声“师母”。老师的爱人感到很难为情，这位学生也意识到似乎有些不妥，因为她也就比自己大10多岁。遇到这种情况该怎么称呼呢？按身份，老师的爱人，当然应称呼“师母”，人家因年龄关系可能不愿接受。最好的办法就是称呼“老师”，不管她是什么职业（或者不知道她从事什么职业），称呼别人“老师”含有尊敬对方和谦逊的意思。

（4）考虑自己与对方之间的亲疏关系。

在与多人同时打招呼时，更要注意亲疏远近和主次关系。一般来说，以先长后幼、先上后下、先女后男、先疏后亲为宜；在外交场合，宴请外宾时，这种称呼先后有序更为重要。

1972 年，周恩来在欢迎美国前总统尼克松的招待会上这样称呼：“总统先生，尼克松夫人，女士们，先生们，同志们，朋友们！”这种称谓客气、周到而又出言有序的外交家的风度，给人们留下了深刻的印象，是值得学习的典范。

（5）考虑对方的语言习惯。

在销售过程中，还要注意各地的语言习惯。违背了当地的语言习惯，就可能“碰钉子”。

几个年轻人结伴去旅游，他们从避暑山庄出来，想去外八庙，为了抄近路，两个小伙子上前去问路，正遇上一个卖鸡蛋的农家姑娘。一个小伙子上前有礼貌地叫了声：“小师傅！”开始这姑娘没有答应，小伙子以为她没听见，又高声叫一声，这下可激怒了这位姑娘，她嘴上也不饶人，气呼呼地说：“叫谁小师傅呢！”本来是有礼貌地问路，反倒挨了一顿骂。这是为什么？后来他们才知道，当地的农民管和尚、尼姑称为“师傅”，一个姑娘怎愿意听人称她“小师傅”呢？

礼仪看起来好像简单，但处理不好会耽误大事。

谁都愿听顺耳话，明白了这一点，在销售的过程中就应该知道怎么做了。

口才锤炼箴言

和客户打交道，总是以称呼开头，就好像是一个见面礼，又是进入销售工作的通行证。称呼得体，可使对方感到亲切，交往便有了基础。

6. 要给自己留有一定的余地

在特定情况下说有“弹性”的客套话。在一些不必要、不可能或不便于把话说得太实、太死的时候，利用模糊语言可以让你的表意更有“弹性”。

销售人员甲：那个客户又来退货了！他已经连续退了 3 次了，每次拿走了新的吸尘器，都会在最后的退货期限来退掉，这很明显是在占便宜嘛！

销售人员乙：是啊，碰上这样的客户真是没有办法。

销售人员甲：这次怎么办？还让他退掉吗？我敢打赌，那个吸尘器绝对没有问题！

销售人员乙：不能再让他这么占便宜了！

销售人员甲：那怎么办？不给他退，他会投诉我们的！因为他并没有超过退货期限。

销售人员乙：我们今天把他敷衍过去，然后向经理报告，由经理出面解决这个问题吧，我看只能这样办了。

客户：小姐，这个吸尘器我不要了，给我退掉。

销售人员甲：为什么呢？它不是挺好的吗？

客户：反正我不想要了，现在还没有超过7天，我有权利把它退掉！

销售人员甲：这个吸尘器存在质量问题吗？如果存在质量问题，我们可以给您换一台新的。

客户：没有，但是……

销售人员甲：噢，没有就好。

客户：小姐，我想……

销售人员甲：真的不存在质量问题？要不要我来检查一下？

客户：的确没有……

销售人员甲：由于您要退货，我们的经理现在不在，这个问题我们没有权力处理。

客户：前两次不就是你们两个处理的吗？

销售人员甲：因为这种吸尘器遭到退货的次数比较多，所以经理说要由他专门来处理这样的事情，经理现在不在公司，我们也不清楚他什么时候回来，真是抱歉。

客户：这样啊，那好吧，我明天再来。

两位销售人员就这样化解了摆在面前的难题，他们说了一些不确定的话，让那位难缠的客户觉得再耗下去也没有什么意义。这种模糊客套话既不至于得罪客户，给自己引火上身，又可以使自己摆脱不必要的麻烦，把难以解决的事交给更有权力的人，实在是聪明之举。

有这样一则寓言故事：

百兽之王狮子想找借口吃掉其他兽类。于是，它张开大口让百兽闻自己的口是香还是臭。首先轮到狗熊，它闻后如实地说：“有股肉的腥臭味。”

狮子怒道："你不尊重我，留你何用!" 于是将狗熊吃掉了。

到了第二天，轮到猴子来闻。鉴于狗熊的教训，它乖巧地说："呦，好一股肉的清香味啊!" 狮子又怒道："你溜须拍马，留你何用!" 于是又将猴子吃掉了。

第三天，轮到兔子来闻。它知道，说臭要被吃掉，说香也要被吃掉，于是它凑到狮子嘴边，故意闻得十分认真但却不开口。

狮子急了，催它快说。兔子便说道："报告大王，我昨晚受了风寒，感冒鼻塞，实在闻不出是臭还是香。等我鼻子通了，再来闻吧。" 狮子无奈，只好放了兔子。

兔子正是巧妙地回避了这个难以答复的问题，才得以保全了自己的性命。

为了保全自己的某种利益，你可以设法避开这类难以应付的问题。有时候为了照顾自己的面子，你也要学会避开别人的提问。

有这样一个善于闪躲质问的人，他回避问题的本领相当高明。

如果有人问他："你可曾读过《堂吉诃德》?"

他会回答："最近不曾读。" 其实他根本没读过。

有人问他："你可曾读过但丁《神曲》中的地狱篇?"

他会回答："英文本没读过。" 其实他也根本没读过。但他的回答会让人产生误解：他读过这诗篇；他精通 14 世纪的意大利文；他是文学纯粹主义者，不屑读翻译本。

汉高祖刘邦也非常熟悉这种"回避"的技巧。

项羽自尊霸王后，想谋杀刘邦。范增出主意说："等刘邦上朝，大王就问他，'寡人封你到南郑去，你愿不愿意去?' 如果他说愿意，你就说他意图养精蓄锐，有谋反之心，可以绑出去杀掉；如果他说不愿意去，你以其违抗王命杀掉他。"

刘邦上殿后，项羽一拍案桌，高声问道：“刘邦，寡人封你到南郑去，你愿不愿意去？”

刘邦答道：“臣食君禄，命悬于君。臣如陛下坐骑，鞭之则行，收辔则止，臣唯命是听。”

项羽一听，无可奈何，只好说：“刘邦，你要听我的，南郑你就不要去了。”

刘邦说：“臣遵旨。”

刘邦的语言，避开了项羽问话的前提，故意说对项羽忠心耿耿，“唯命是从”，从而使项羽找不到借口杀自己，为自己日后卷土重来保留了机会。

口才锤炼箴言

巧妙回避不宜直言的问题，最好的方法就是利用模糊语言的方式，自己既不算说谎，又可以避免难堪的场面出现。学会了使用模糊语言，你也就学会了客套话中的精髓。

7. 客套话太多就成了可气话

谈话的目的在于沟通双方的情感，增加双方的兴趣。销售人员在绝大多数情况下，都是跟陌生人沟通的，为了与陌生人达成一致的态度，客套话肯定是必不可少的，但是从另外一个角度来讲，过多的客套话也有可能变成横挡在双方中间的“墙”，如果不把这堵“墙”搬走，就会影响与客户间的顺利沟通。

经过一个月的培训，麦克学会了部分销售的知识，今天是麦克走上销售岗位的第一天，他将去拜访他有生以来的第一位客户。在培训当中，麦克知道见到客户一定要有礼貌，为了增加与客户之间的亲密感，一定要说一些场面上的客套话。经过周密的准备，他敲响了客户的门。

“请问您找谁？”一个中年男子开了门。

麦克彬彬有礼地回答道：“请问您是安德森先生吗？我是麦克，很高兴认识您。”说着，麦克伸出了手。主人礼节性地握了握手，又问道：“认识您我也很高兴，但是您找我有什么事呢？”

“冒昧地打扰，真是不好意思。耽误了您的休息时间，也非常过意不去。您可以原谅我吗？”

“噢，没关系。您有何贵干？”

麦克从开着的门看了一眼屋内的摆设，故意夸奖说：“看您屋内的摆设，就知道您是一个会生活的人，我说得没错吧？”

“谢谢您的夸奖，但是您究竟有什么事？”主人有些不耐烦了，屋内热水壶也鸣叫起来，告诉他水烧开了。

“嗯，再一次谢谢您能够抽出时间来跟我说这么多的话，我真的很感激。事实上，我还想再耽误您一点时间，来说说……”

“够了！”主人焦躁地说，“你已经耽误我够多的时间了！”接着，门就被“砰”的一声关上了。麦克目瞪口呆，不明白这是怎么一回事，难道自己对客户还不够礼貌吗？

客套话说得还不够吗？事实上恰恰相反，麦克的失败就在于一味地认为客套话才是拉近关系的唯一方法，而忽视了因过度客套而带来的反面作用。

有的销售人员会片面地认为，多说客套话就等于做到了说话礼貌。实际上，客套话是一把双刃剑，一方面能让客户感受到你的礼节和敬意；另一方面也因过于客套而拉大你们之间的距离。

因此，过度客套反而会阻碍你与客户之间善意的、坦诚的交流。因为你不能总是无休止地客套，必须迈出实质的脚步，才能真正实现自己的目标。

适度的客套可以应用在销售中，为多赢得一个客户和巩固彼此的关系而发挥巨大的作用。因为对于销售人员来说，成功的销售必须有一个成功的人际关系网，你的人际关系网越大、越牢固，你的成功机会也就越大。

美国总统富兰克林·罗斯福在就任总统之前，曾在海军部担任要职。有一次，他的一位好朋友向他打听在加勒比海一个小岛上建立潜艇基地的计划。罗斯福神秘地向四周看了看，压低声音问道：“你能保密吗？”“当然能！”“那么，”罗斯福微笑地看着他说，“我也能。”

富兰克林·罗斯福用轻松幽默的客套语言委婉含蓄地拒绝了对方，在朋友面前既坚持了不能泄露机密的原则立场，又没有使朋友陷入难堪，取得了极好的语言交际效果，以至于在罗斯福死后多年，这位朋友还能愉快地谈及这段总统轶事；相反，如果罗斯福表情严肃、义正词严地加以拒绝，甚至心怀疑虑，认真盘问对方为什么打听这个、有什么目的、受谁指使，岂不是小题大做、有煞风景，其结果必然是两人之间的友情出现裂痕甚至危机。

委婉地客套地拒绝能让对方知难而退。例如，有人想让庄子去做官，庄子并未直接拒绝，而是打了一个比方，说：“你看到太庙里被当作供品的牛马吗？当它尚未被宰杀时，有人喂食，吃着最好的饲料，的确风光，但一到了太庙，被宰杀成为牺牲品，再想自由自在地生活着，可能吗？”庄子虽没有正面回答，但一个很贴切的比喻已经回答了，让他轻松解决了交往中的大忌，而没有得罪人。

假如你到一个客户家去拜访，你对客户异常客气，你每说一句话，让客户只回答“是、是”，唯恐你不高兴。如此一来，对方一定觉得如芒刺背，最终逃之夭夭。

与客户第一次见面略说客套话后，第二次、第三次的见面就要尽量少用那些“阁下”“府上”等名词，如果一直用下去，则真挚的友谊是无法建立的。

客套话是表示你的恭敬或感激，而不是用来敷衍的，所以要适可而止。过多的客套就显得迂腐和虚伪。有客户替你做一点小小的事情，例如，递过一杯茶，你说“谢谢”也就够了。要是在特殊的情形下，那么最多说“对不起，这事情要麻烦你”也就足够了。但是说：“谢谢你，真对不起，我不该拿这些小事情麻烦你，真使我觉得难过，实在太感激了……”一大段话反而会让对方觉得不舒服。

如果像背熟了的成语似的流水般说出来的客套话，显然是在敷衍应酬，容易使对方产生不快。

显然，过度的客套话是令人痛苦的，“己所不欲，勿施于人”，请你谨记这句至理名言。

口才锤炼箴言

适度的客套可以应用在销售中，为多赢得一个客户和巩固彼此的关系而发挥巨大的作用。对于销售人员来说，成功的销售必须有一个成功的人际关系网，你的人际关系网越大、越牢固，你的成功机会也就越大。

第六章　接近推销对象就接近了成功

有人说："推销由遭到拒绝而开始"。这是非常辩证的。只要从事推销活动，就不免会遭到拒绝。很少有当你刚上门推销，对方就说："你来得正好，我正急需"之类的巧合。推销人员的工作就是即使对方摆出一副拒绝的架势，你也要有相应的对策。心平气和、从容不迫接近客户无疑是对策之一。

1. 自信才能成为推销大王

在推销员中，广泛流传着一个这样的故事：两个欧洲人到非洲去推销皮鞋，由于炎热的非洲人向来都是打赤脚。第一个推销员看到非洲人都打赤脚，立刻失望起来："这些人都打赤脚，怎么会要我的鞋呢。"于是放弃努力，失败沮丧而回；另一个推销员看到非洲人都打赤脚，惊喜万分："这些人都没有皮鞋穿，这皮鞋市场大得很呢。"于是想方设法，引导洲人购买皮鞋，最后发大财而回。

这就是一念之差导致的天壤之别。同样是非洲市场，同样面对打赤脚的非洲人，由于一念之差，一个人灰心失望，不战而败；而另一个人满怀信心，大获全胜。

2001年一名叫乔治赫伯特的推销员，把斧头成功地推销给了小布什总统，从而获得了金靴子奖。赫伯特是一个极其平凡的人，而且智商还不高。他说主要是体现了一种无与伦比的激情、热爱与痴迷，他坚信小布什总统的农场总有需要斧头的时候，但前提是你必须要打动小布什总统的心。

于是他潜心地研究小布什总统的喜好、年少的往事、大学的辉煌、布什的初恋、穿衣的风格、香水的品牌等等，甚至连总统夫人的喜好他都如数家珍。渐渐地，乔治就忘了卖斧头的事了，成为彻头彻尾的布什追星族，已经到了"手中无剑，心中有剑，人就是剑"的地步。

他的斧头是怎么卖出去的？其实很简单，他就是给布什总统写了封信，信里说："总统阁下，有一次我有幸参观您的农场，发现里面长了很多的湿枯树，有些已经死掉，木质已经变得松软。我想您现在一定需要一把小斧头。但是以您现在的体质来看，这种小斧头显然太轻，因此您现在急需一把不甚锋利的老斧头。现在我这里正好就有一把祖父留下来的家传的斧头，很适合砍枯树。如果您有兴趣，就按这封信里所留的信箱给予回复吧。”

这个推销员话说得不多，但是句句动人。布什总统看后觉得句句对味儿。当真汇了 15 美元成交。就这样，一个最平凡的人成为最伟大的推销员。

作为一名销售人员，首先你必须对自己有信心，你不能将自己的工作认为是去求别人购买你的产品，你要想自己是去提供别人需要的东西，是在帮助别人。因此你必须抱着“我在为客户服务”的心态，这样才能做好工作。

当然，要想使别人相信你就首先要相信你自己。摆正了心态，就有利于树立自信心。正因为公司的产品对顾客有用，你才不辞辛苦地赶来向他介绍、推销。你是来帮忙他满足、解决各种要求的，你为什么没有信心？

当你意识到自己的职责就是诚恳地为用户（客户）服务时，你就会拥有自信心。推销对你来说，不是一种负担，而是一种奉献，是一种乐趣，你的精神状况会得到很大改善，你的顾客就会用期待的目光迎接你。此时，你推销成功的先兆出现了。

俞恒是一个刚进入销售行业不久的新人，平时跟朋友、同事交往时都很自信，而且言谈风趣，不少年轻女孩都很喜欢他。但是当他面对客户，向别人介绍产品时，却好像完全变了一个人。他总觉得自己比客户矮了半截，平日的潇洒自信顿时烟消云散，代之以满脸的怯懦和紧张。

这种情况在他接近那些老总级别的人时，尤为明显。有一次，俞恒获得了一个非常难得的销售机会，不过需要跟那家合资公司的老板面谈。俞恒走进入那装饰豪华的办公室，就紧张得不得了，浑身打战，甚至连说话的声音都发起抖来。他好不容易控制自己不再发抖，但仍然紧张得说不出一句囫囵话。老总看着他，感到很惊讶。

终于，他佝偻着背，磕磕巴巴地说道："王总……啊……我早想来见您了……啊……我来介绍一下……啊……产品"，他那副点头哈腰低三下四的样子让王总觉得莫名其妙，甚至怀疑他有什么不良企图。

会谈于是不欢而散，大好机缘就这样被生生浪费了。

大人物一般来说社会地位高，有一定的社会威望。许多销售员在拜访时经常畏首畏尾。然而销售最大的忌讳就是在客户面前低三下四，过于谦卑。像案例中的俞恒这样，还未到正式谈判就已经败下阵来。心理素质如此脆弱的人，不失败才怪。

卑躬屈膝的推销，不但会直接影响你的形象和人格，而且会使你所推销的产品贬值。畏畏缩缩、唯唯诺诺的销售员，不可能得到客户的好感，反而会让客户非常失望。因为你的表现证明你不是一个光明正大的人，是个不可信赖的人，那么他对你所推销的产品就更不可相信了。

优秀的销售员要有敢于向大人物推销的勇气。如果你总是逃避，不敢去做你害怕的事情，不敢去害怕去的地方，不敢见大人物，那么机会一定不会因为你害怕而光顾你。

其实许多你害怕去的地方往往蕴藏着成功的机遇，在大地方向大人物推销往往比向小客户推销容易得多。因为销售员都畏惧这些地方，他们也很少光顾这里。如果你敢于迈出这一步，向大人物推销自己的商品，那么你就很可能成功。

另外，在大人物这里，由于前来推销的业务员很少，因此，他们往往不像小客户那样见到销售员就说“不”。一个真正成功的大人物或者一个从基层干到上层的人，是不会对你的推销感到厌恶的，很多情况下他们会怀着一颗仁慈的心来接纳你，并给你一次机会。

记得，无论什么事情，想要自信就要成功。如何成功，如果你天天都想，虽然锻炼了脑子，却没有锻炼心。成功就要坚持，并且不懈的努力。熟能生巧。你要是努力了，坚持了，自己自然就成功了。成功了就有自信了。所以你就要更加努力地锻炼自己。

口才锤炼箴言

在销售过程中，要尽量与客户站坐平等。科学研究证明，交流双方位置的不同对人的心理是有很大影响的。正确认识销售工作，销售不是卑贱的行业；告诉自己：“大人物也是有感情的，只要自己努力了，就一定会有好的结果；肯定自身的价值，不要自卑。自轻自贱是许多销售员不敢面对大人物的根本原因。

2. 销售人员如何挖掘客户的需求

销售就是介绍商品所提供的利益，以满足客户特定需求的过程。商品当然包括有形的商品及其附带的无形的服务，满足客户特定的需求是指客户特定的欲望被满足，或者客户特定的问题被解决。因此，对于销售人员来说，在取得客户的信任后，要通过“提问”＋“倾听”搜寻到客户的需求所在。

销售人员只有把问题找准了，才能“对症下药”，真正地帮客户解决既有问题。所以说，提问对于销售人员开拓新客户、促成新销售的成功与否很关键，如果销售人员不能通过有效地提问探查出客户的真正需求，销售人员就很难完成销售。

在现实中，很多销售人员在这一环节做得相对薄弱，尤其是经销商旗下的销售人员没有站在客户的角度去思考问题，他们只是想把产品尽快地销售出去，因此，从沟通的一开始到结束都是喋喋不休地谈自己的产品，最终导致销售失败。

小王是江西上虞某白酒经销商麾下的销售人员，小王在赢得某B类酒店采购部张经理的信任后，为了把酒品尽快地销售给张经理，小王就开始向张经理介绍自己的产品，他们的对话如下：

小王：您好，张经理！我们这个产品的包材和瓶型是国内一家知名的设计公司设计的，你看一下这款产品的包材非常漂亮，消费者一定会喜欢的。

张经理：这款产品的包材是很漂亮。

小王：这款产品的酒水是国家级白酒评委XX研发的。

张经理：酒水确实不错。

小王：销售我们这款产品，可以挣到40%的利润，另外，我们还有10%的促销支持。

张经理：听起来，销售你们的产品应该能赚不少钱。

小王：如果您需要，可以先进一批货销售一下试试，这么好的产品加上这么大的利润空间，你销售我们的产品一定能赚嗨。

张经理：实在对不起，我们目前没有考虑新产品进店销售，等过段时间，我再通知你。

小王不明白客户为什么会拒绝自己，或者说客户为什么拒绝这么好的产品。

小刘和小王是同事，在面对同样的客户，我们看一下小刘在赢得客户的信任后是如何和客户沟通的。

小刘：您好，张经理！你平时选择什么样的白酒产品进咱们店销售呢？

张经理：我们选择白酒产品，首先考虑的是产品的质量，另外是产品的利润空间、售后服务、包装和瓶型。

小刘：张经理，你所说的产品质量是指？

张经理：我所说的产品质量要达到国标标准。另外，口感和度数要符合我们当地消费者的消费习惯。

小刘：张经理，是什么原因让你觉得产品质量如此重要呢？

张经理：上次我进了一款产品，包材确实很漂亮，但是消费者喝了以后反应上头，还有的消费者说我们销售的是假酒，现场就要求赔偿……

小刘：如果我们的产品能满足您的质量要求，而且我们给您合理的利润空间，并且保证每周至拜访一次，为您做好售后服务。您会选择销售我们的产品吗？

张经理：自从上次那款产品出现质量问题后，以后所有进我们店销售的产品，都要经过我们公司的李经理和王经理品鉴以后，才能确定是否销售该产品。

小刘：您看是明天晚上还是后天晚上，您邀请李经理和王经理，就在咱们饭店品鉴一下我们的产品，由我们来招待，顺便每个人赠送一箱品鉴酒……

张经理：我们明天晚上有一个中层会议，后天晚上安排品鉴你们的产品吧。

小刘：谢谢您张经理！我们后天晚上见。

通过王经理和李经理的品鉴后，最终使得产品成功进店。

通过以上小王和小刘的案例对比，显而易见的是，小刘比小王做得好。因为小王只是想把产品尽快地销售出去，因此从一开始到结束都一直在与客户单纯陈述自己产品的特征，结果无法打动客户而导致销售失败。而小刘则是通过向客户有效的提问，提问的关键是问到了客户关心的问题，然后根据客户的回答来了解客户的需求，从而围绕着客户的需求来陈述自己产品的特征和提供解决方案，最终导致销售成功。

在和客户沟通的过程中，对客户提出第一个问题很重要，这关系到我们和客户的沟通是否能继续下去，所以第一个问题上我们就要能够直接涉及主题。而不是那些客套的没有意义的问题。

例如：小刘向客户提出的第一个问题：

小刘："您好张经理！你平时是怎么选择白酒产品进咱们店销售的？"或者"您好张经理！你平时选择什么样的白酒产品进咱们店销售呢？"

张经理：我选择白酒产品首先考虑的是产品的质量，另外是产品的利润空间、售后服务、包装和瓶型。

因为小刘已经赢得了客户的信任，对于这样的问题，客户一般不会拒绝回答。这样小刘就可以通过客户的回答来继续调整思路而提出下一个问题。例如：小刘向客户提出的第二个问题：（探究性的问题）

小刘：张经理，你所说的质量是指?

小刘：张经理，你所说的利润空间是指?

小刘：张经理，你所说的售后服务是指?

张经理：我所说的产品质量要达到国标标准。另外，口感和度数要符合我们当地消费者的消费习惯。

张经理：我所说的利润空间是指，我们的利润不能低于40%。

张经理：我所说售后服务的标准是，销售人员每周至少拜访一次并且及时调换产品。

通过客户对第二个问题的回答，小刘就可以提出第三个问题："是什么让你觉得这一点很重要?或者为什么你觉得这一点很重要"。这一类问题能够引出客户真正的需求。客户认为哪一点最重要?原因又是什么?这些答案将是促进销售成功的关键。例如：小刘向客户提出的第三个问题（探究性问题）

小刘：张经理，是什么原因让你觉得产品质量如此重要呢?

张经理：上次我进了一款产品，包材确实很漂亮，但是消费者喝了以后反映上头，还有消费者说我们销售的是假酒，现场就要求赔偿……

小刘：张经理，是什么让你觉得利润空间如此重要呢?

张经理：我们公司每个月都有绩效考核，我们销售产品所获得利润是和我们奖金挂钩的。

小刘：张经理，是什么让你觉得售后服务如此重要呢?

张经理：由于我们饭店仓库比较小，很多供货商售后服务不及时，结果造成畅销品断货，滞销品积压占满库房，使得其他产品无法入库。

这时，小刘紧跟着就提出了第四个问题，"如果我们的产品能满足的你需求，您会不会选择我们的产品呢？”需要注意的是，在这里最合理的价格并不一定是最低的价格。对于这样的问题，客户的回答给了小刘一个清晰的答案。这是一个包含前三个问题所有信息的反馈问题，是典型的“如果我们怎么样，您会怎么样”的问题。这个问题会引出客户的承诺，实际上这时就会一目了然了。如：小刘向客户提出的第四个问题：（暗示性问题）

小刘：如果我们的产品能满足您的质量要求（我们的产品是国家级白酒评委XX研发的），而且我们给您合理的利润空间，并且保证每周至拜访一次，为您做好售后服务。您会选择销售我们的产品吗？

张经理：自从上次那个产品出现质量问题后，以后所有进我们店销售的产品，都要经过我们公司的李经理和王经理品鉴以后，才能确定是否销售该产品。

这个时候，小刘把最后一个问题摆出来，这个问题旨在敲定具体的品鉴日期、数量等，为客户提供一个实实在在的证明。如：小刘向客户提出的第五个问题（解决性问题）

小刘：您好张经理！您看是明天晚上还是后天晚上，您邀请李经理和王经理就在咱们饭店品鉴一下我们的产品，我们来招待，每人赠送一箱品鉴酒。

张经理：我们明天晚上有一个中层会议，后天晚上安排品鉴你们的产品吧。

小刘：谢谢你张经理！我们后天晚上见。

“提问＋倾听”需把握的原则

通过以上案例分析，使我们了解到，销售人员要想发掘客户的需求必须要通过“提问＋倾听”。因为客户只会关心他们的需求，而确定他们需求的唯一方式就是“提问＋倾听”，而且必须做到有效提问。

要想做到有效地提问，销售人员必须要遵循以下原则：

①确定自己的关键目标。如：为了推进销售；为你的客户制定最佳方案；为了挤压竞品；为了拓展新客户。

②面对客户，随机应变。如：谈话内容在销售的知识体系中；客户需求是最重要的，其次才是产品知识和公司知识；全面、主动地了解客户，与客户进行愉快地沟通。

③多问“什么”，少问“是不是”。如：是什么引起这个问题？为达成目标，我们应该采取哪些措施？遇到了哪些障碍？我们期望的最终结果是怎样的？

④问题循序渐进。采取步步为营的策略；问出客户当前及未来的需求；并引导客户思考；我们的产品或服务所能解决的问题，为客户创造的利益核心所在等。

口才锤炼箴言

销售就是介绍商品所提供的利益，以满足客户特定需求的过程。销售人员只有把问题找准了，才能“对症下药”，真正地帮客户解决既有问题。

3. 告诉客户你将带给他的利益

说服客户购买的最好的办法，就是使客户意识到购买了你所推销的产品以后，将会得到很大的利益，使客户感到他需要这种产品，并且迫切地需要购买，这是一种冒最小的风险、取得最大利益的活动，因此，销售员必须致力于谈论利益。

A 先生曾讲述过这样一件事：

他打算买一张办公椅，在家具店里看到一贵一贱两张椅子，不知如何挑选。

店员看 A 先生试坐两张椅子后，告诉 A 先生："4500 元的这张椅子坐起来较软，觉得很舒服，反而 6000 元的椅子你坐起来觉得不是那么软，因为椅子内的弹簧数不一样，6000 元的椅子由于弹簧数较多，绝对不会因变形而影响到坐姿。不良的坐姿会让人的脊柱侧弯，很多人的腰痛就是因为长期不良的坐姿而引起的，光是多出的弹簧的成本就要将近 600 元。

同时，这张椅子旋转的支架是纯钢的，它比一般非纯钢的椅子寿命要长一倍，不会因为过重的体重或长期的旋转而磨损、松脱，这一部分坏了，椅子就报销了，因此，这张椅子的平均使用年限要比那张多一倍。

你这张坐一张，那张要坐二张，纯钢和非纯钢的材料价格会差到 1000 元。另外，这张椅子，看起来不如那张那么豪华，但它完全是依人体工学设计的，坐起来虽然不是软绵绵的，但却能让你坐很长的时间都不会感到疲倦。一张好的椅子对经年累月坐在椅子上办公的人来说，实在是非常重要的。这张椅子虽然不是那么显眼，但却是一张用心设计的椅子。

老实说，那张 4500 元的椅子中看不中用，是卖给那些喜欢便宜的客人的。" A 先生听了这位店员的说明后，心里想：还好，只贵 1500 元，为了保护我的脊柱，就是贵 3000 元我也会购买这张较贵的椅子。

这名店员的推销之所以成功，在于他抓住了以下几点：

首先，找出更多客户认同的利益。找出愈多客户认同的利益，能将产品价值提升，客户就愈能接受你的价格。例如上例中，椅子能防止脊柱侧弯、符合人体工学的设计，坐久不会疲倦，纯钢的支架比一般的耐用一倍，等等。只有利益累积的数量和价格一致时，客户才愿意支付你要求的价格。

其次，把成本细分化。如上面椅子的例子，多花1500元购买一把较好的椅子，至少可坐三年，事实上每天只要多付不到一元五角钱。换一种算法是：6000元的椅子由于材料较好，寿命较长，你把6000元除以能使用天数后，往往发现比便宜不耐用的椅子还要经济实惠，这就是所谓“成本细分化”。

成本细分化后，能把客户的注意力从庞大的总数转到细分化后的金额，让客户能更客观地衡量他能得到的。

另外，销售员还要强调带给客户额外的利益。客户都希望购买产品后，能得到产品本身以外的附加价值，也就是额外的利益。那么，当你推销产品时，可以从以下方面思考产品的额外效益：节省费用，会员优待，免费维修，等等。

销售员抓住客户追求利益的心理，利用所推销的产品或服务能给客户带来的利益、实惠、好处引起客户的注意和兴趣，从现代推销原理来讲，这是一种最有效、最有力的促使客户购买的方法。因为它不仅符合客户求利的心理，而且符合商业交易互利互惠的基本原则。

个人消费者总是希望同等的货币能够获取更多的使用价值，工商企业的购买者则是希望能使本企业降低成本、提高效益、增加利润或得到其他利益，因此，物美价廉是客户普遍追求的一个目标，也是各类消费者维护和争取自身利益的一个重要手段。

销售员直接陈述客户购买产品所能获得的利益，既避免了一些客户掩饰其求利的心理而不愿主动询问产品所能提供利益的障碍，帮助客户正确认识产品，增强购买信心，又突出了产品的推销重点。在介绍产品能带给客户利益时，要注意两点：

一是对产品利益的陈述要能打动客户的求利心理，但必须实事求是，不可夸大其词。否则，就会失去客户的信任感，或导致推销本身没有实际效益。在介绍产品前，销售员要科学地测算出产品的实际效益，并且要留有一定的余地。同时，最好能出示财务分析资料、技术性能鉴定书、用户证明等资料予以印证。

二是产品利益要具有可比性。销售员可以通过对产品供求信息的分析，使客户相信购买该产品所能产生的实际效益。这样，客户才能放心购买这种产品。

口才锤炼箴言

在向客户讲解之前，销售员必须从罗列的有关产品的各种好处中，选择最有特色、最突出的好处作为说服客户的切入点。

4. 像朋友一样同客户谈生意

高珊是一名自然食品公司的销售员。一天，高珊还是一如往常，登门拜访客户。当她把芦荟精的功能、效用告诉客户后，对方同样表示没有多大兴趣。当她准备向对方告辞时，突然看到阳台上摆着一盆美丽的盆栽，上面种着紫色的植物。

于是，高珊好奇地请教对方说："好漂亮的盆栽啊！平常似乎很少见到。"

"确实很罕见。这种植物叫嘉德里亚，属于兰花的一种，它的美，在于那种优雅的风情。""的确如此。一定很贵吧？"

"当然了，这盆盆栽要 800 元呢！"

高珊心里想："芦荟精也是 800 元，大概有希望成交。"于是她开始有意识地把话题转入重点。

"我也很喜欢也养花，正好朋友才送了一盆君子兰，可是我听说兰花很娇贵，我没有养过兰花，正发愁不知道怎么办呢？"

这位家庭主妇觉得高珊真是有心人，于是开始倾其所知传授所有关于兰花的学问，等客户谈得差不多了，高珊趁机推销产品："太太，您这么喜欢兰花，一定对植物很有研究。我们的自然食品正是从植物里提取的精华，是纯粹的绿色食品。太太，今天就当作买一盆兰花，把自然食品买下来吧！"

结果这位太太竟爽快地答应了。她一边打开钱包，一边还说："即使我丈夫，也不愿听我絮絮叨叨讲这么多；而你却愿意听我说，甚至能够理解我这番话，希望改天再来听我谈兰花，好吗？"

美国著名律师克拉伦斯·达罗说："一个诉讼律师的首要任务就是要让陪审团喜欢他的客户。"人们总是愿意答应自己认识和喜欢的人提出的要求。而与自己有着相似的人、让我们有愉悦感的人，通常会成为我们喜欢的人，因为相互之间喜好相似，"投其所好"说的也是这个道理。

在上面的案例中，销售员高珊原本已成败局的销售，没想到一个不经意地发现竟然又促使她和客户进行了第二次交流的机会。

于是，她决定改变有意识地把话题切入正题。先是从请教养护兰花的注意事项开始，打开了客户的心门，获得他人的好感、进一步建立友谊。最后又巧妙地抓住时机成功地推销出自然食品。

因此，在销售员与客户打交道中，掌握客户的兴趣并对其“投其所好”是销售员成功实现销售的重要的突破口。因为志趣相投的人是很容易熟识并建立起融洽的关系的。

如果销售员能够主动去迎合客户的兴趣，谈论一些客户喜欢的事情或人物，把客户吸引过来，当客户对你产生好感的时候，购买你的商品也就是水到渠成的事情了。

那么销售员怎么才能把握客户的喜好并使自己与其有相似之处呢？销售员可以从以下5个方面发觉自己对别人与客户的相似度。

①打造迷人的外表吸引力。一个人的仪表、谈吐和举止，在很大程度上决定了其在对方心目中是否能受到欢迎。

②迅速寻找彼此的相似性。物以类聚，有着相同兴趣、爱好、观点、个性、背景，甚至穿着的人们，更容易有亲近感。

③想办法与目标对象接触。人们总是对接触过的事物更有好感，而对熟悉的东西更是有着特别的偏爱。

④制造与美好事物的关联。如果我们与好的或是坏的事情联系在一起，会影响到我们在旁人心中的形象。

⑤毫不吝惜你的赞美之词。发自内心的称赞，更会激发人们的热情和自信。

口才锤炼箴言

投其所好，找出你与客户的相似点，攻破客户的心理障碍从而打开客户心门，赢得好感从而与客户能像朋友一样谈生意是销售成功的前提。

5. 销售人员要以情感吸引客户

与客户交流不能只是停留在产品介绍的层面上，而是要能深入到客户的感情层面上。讲故事就是一种最好的方式，每一家企业，每一个产品都有自己的故事，比如，海尔、蒙牛，每当人们提起他都会想到与之相关的很多故事。通过这些故事，人们也对这些民族品牌了有了更多的了解。

把产品背后的故事讲给客户听，很大程度上能增进客户与销售人员的感情，增强客户对产品的感情。因此，销售人员在向客户推销产品的同时，完全可以根据当时特定的环境讲述一些小故事。然而，能成功运用这种方法的销售人员却不多，讲解产品就像小学生背诵课文似的，枯燥无味，毫无乐趣。

小赵是上海大众某汽车展厅的业务员，最近公司研发出一款升级产品，比原来的那个产品功能更齐全，更加安全、更环保。小赵觉得这款产品对于老客户胡经理来说更有诱惑力。于是他给胡经理打电话，说来也巧，胡经理正想换一辆。于是，小赵便就带上相关的产品资料，登门拜访了。

胡经理看了新产品的介绍后，喜欢得不得了，两人聊得十分愉快。这个时候胡经理的购买意图已经很明显了，可是小赵认为对新产品的功能介绍还不够，还有必要让胡经理多了解一些，因此他就又谈了新产品的一些优点和功能。“这是最新款的 Polo 轿车，1.6 升，带主副驾驶双安全气囊，双角度电子液压助力转向，ABS 防抱死等等。”听到这些话后，客户表示满意，约定两天后看车。

两天之后，当小赵再次给胡经理打电话准备签合同时，胡经理却含糊其辞，热情大不如从前，频频挑小赵产品的毛病。最终也没有购买这辆车，对此小赵大为不解。

小高同样是这家公司的推销员，以此，他看准了一位年轻的客户。来到客户家，小高与对方聊起了这款新车：

“您好，万先生，这是最新款的 Polo 轿车，1.6 升，带主副驾驶双安全气囊，双角度电子液压助力转向，ABS 防抱死等等。”

“您知道，我最喜欢有个性的车，这款车的有没有更新鲜的地方？”

“两个前大灯像两个大眼睛，整个车身也是流线型的设计，极富动感……”

“是吗？”

“我们作为这款车的上海专业经销商，也注意到这方面，提到它外形设计。我想到了一个小故事，它的设计灵感来自于……”

小高的故事的故事大大激发了万先生的好奇心，他是一个对新鲜事物十分敏感的人，听怎么一说，他拥有这辆车的欲望越来越大。

客户难以接受你的产品，就必须寻找一些更好的介绍方法，既能打消客户的心里戒备，又能让客户在轻松愉快的状态中，对产品有个清晰的了解。上述两个事例就是最好的证明，第一位销售人员即使把产品的优势、卖点完完整整地地复述一番，客户也无法接受。

因为很多客户并不完全相信销售人员的“嘴”，能把坏的说好的，把死的说成活的。而第二位销售人员对产品的优势没有大谈特谈，只是讲了一个产品生产过程中的小故事，就打动客户的心。

这是为什么呢？因为当一个客户决定购买产品之时，心里一定会经过激烈的思想斗争，权衡比较，然后才能最初最佳选择。而把吃那品背后的故事讲给客户听，则能很好地可以让客户插上想象的翅膀，沉浸在产品的联想之中，从而打消他们的这种矛盾心理，激发购买兴趣。

那么，在向客户将故事的时候，讲哪些故事呢？主要包括以下三个方面：

（1）关于产品品牌的故事。

产品品牌的力量是巨大的，“品牌效应”在推销中对客户起着非常大的影响作用。很多时候，客户正是冲着某个“品牌”而购买的。但是，绝大部分人对这个品牌的了解仅仅是停留在“道听途说”、“了解一点”的层面上。

为了让客户看到品牌的光荣历史、发展历程以及未来的前景，必须通过故事让客户有更多的了解。比如，品牌在创业过程中经历的磨难、取得的辉煌，以及企业领导人的杰出贡献等等。这时，推销员无疑是这个品牌故事的最佳讲述者。

（2）产品本身的故事。

同样的产品会因为介绍方式的不同，呈现出精彩或者平淡。那么，产品的生命哪里来的呢？就是它背后的故事。每个产品背后都有很多感人的故事，正是这些故事赋予产品以生命。

任何一位客户在决定购买某个产品时，他的内心深处一定对这个产品有了最深的情感体验，如果销售人员只想把冷冰冰的产品推销给他们，那客户则很难接受。

比如，一销售人员在向客户推销一款灯具，说："你看，这款'绽放'式的灯像不像四朵盛开的玉兰花。它的创意来自于春天盛开的玉兰花，每天打开这盏灯的时候，你就会想到早春四月盛开的玉兰花，玉兰花的清香飘满了你的房间……

试想一下，这样的介绍是不是更能吸引客户的注意力，更能激发客户的购买兴趣。

（3）与产品相配套的服务故事。

商品竞争越来越激烈，客户购买某一产品决不仅仅因为它的质量好，而是销售人员的服务水平满足对方的心理需求。

那么，一个推销员如何来体现自己的服务水平呢？除了规范的服务礼仪和服务流程外，到位说辞起到了非常关键的作用。你可以向客户讲解自己的服务过程，以及曾经的荣誉等等，但是，这个服务的故事不只是靠嘴上的功夫得来的，是一个讲述者，更重要你要成为你就是这个故事中的主角。有可能的话可以将某个顾客赠送锦旗或者奖状拿过来过来的话，让顾客一开始就感觉找对了人。

讲故事已经成为很多销售人员推销的一种很好的方式，讲故事的好处就在于除了故事本身所拥有的一些独特魅力之外，更重要的是有些情况下，用讲故事的方法进行沟通比直接说出你的想法更加容易让人接受。

客户："我有些问题需要你们处理一下！"

销售员A："你好，李先生，我可以帮您什么？"

客户："我使用你们的笔记本电脑已经快一年了，最近我发现显示器的边框裂开了。因为我知道你们的电脑保修期是3年，所以想看看你们如何解决。"

销售员A："您是指显示器的边框裂开了？"

客户："是的。"

销售员A："您碰过它吗？"

客户："我的电脑根本没摔过，也没有碰过，是它自动裂开的。"

销售员A："那不可能，我们的电脑都是经过检测的。"

客户："但它确实是自动裂开的，你们怎么能这样对我？"

销售员A："那很对不起，显示器是不在我们3年保修范围之内的，这一点在协议书上写得很清楚了。"

客户："我的电脑裂开，你们就这么不管了？"

销售员A："很抱歉，我不能帮您。请问还有什么问题吗？"

客户："我要投诉你们！"

我们来看一下上一案例中另一位销售员B是怎样与客户沟通的。

客户："我要投诉！"

销售员B："您好，请问发生了什么事，让您这么着急？"

客户："是这样，我的笔记本电脑使用快一年了，在没碰没撞的情况下，显示屏的边框裂了。我刚才打过电话，你们的一个同事说没有办法保修，而且态度不好，你们怎么可以这样对待你们的客户？"

销售员B："哎呀，李先生，显示屏的边框裂了？裂到什么程度了，现在能不能用？”

客户：“裂得倒不是很大，用还是可以用，只是我得用胶布粘它，以防裂得更大。”

销售员 B：“那还好。不过，这对您来讲确实是件不好的事，我能理解您现在的心情，换成我，我也会不好受。”

客户：“那你说怎么办？”

销售员 B：“李先生，我知道您的电脑在没有外力碰撞的情况下，边框裂开，我真的很想帮您。只是在计算机行业中，显示器的类似问题，各个企业都不在保修范围。我想这一点您是理解的，对不对？”

客户：“其实坦率来讲，我并不是真的想让你们保修，我只是希望你们能给我一个说法，没想到你们第一次态度那么不好。”

销售员 B：“李先生，对于您刚才不愉快的遭遇，我感到十分抱歉。只是，请您相信我们，我们是站在客户的立场为客户解决问题的。让我想想在目前情况下如何处理。对于边框，我倒有个建议，因为边框是塑料的，现在有一些强力胶是可以粘的，所以，您可以试试用胶水粘一下，效果要比用胶布好。”

客户：“那我回去试试。”

销售员 B：“那您看还有什么问题？以后有什么问题，请您随时打电话给我，我会全力为您服务的。”

销售中，时常会有客户表示不满，或有所要求。对经验不足的销售员而言，这种投诉常会使其惊惶失措，不知如何应对。这时候，销售员需诚心诚意地向对方道歉。如果做不到这一点，一味不耐烦地进行辩解，只会使问题更加严重。

很显然，案例一是一个非常失败的对待客户投诉的对话。与情绪不好的客户打交道，是沟通中的一大挑战，处理这类投诉很重要的一点就是与客户的情感打交道。在销售中，当我们遇到情绪不佳的客户时，我们首先要做的是关注客户的情感。

在销售中，为客户提供优质的服务是对工作人员的职责要求之一。由于各种原因，我们不可避免地会遇到客户的投诉，这就需要我们马上帮助客户解决问题，这样才会增加客户的忠诚度。如果不能妥善处理客户的投诉，一味地与客户争吵，最后的结果只能是失去客户。

口才锤炼箴言

当情绪不好的客户投诉时，销售员首先要做的是关注客户的情感，而不是事实。要注意讲话的方式，了解清楚情况后，要向客户做出解释，并提出解决办法。必要时，应做出适当的让步。

6. 如何把看门人变成开门人

俗话说：“大王好见，小鬼难缠。”做销售的人都清楚，当我们向一家大公司开展销售工作时，要想直接接触决策者是有难度的，因为这样一种人会跳出来，挡在我们与决策者之间，他们通常被我们称为“看门人”——就是决策者身边的助理、副手和秘书。

他们通常在平日里直接为决策者服务，同时能接触公司很多资料，他们非常了解公司的目标和经营状况，甚至是一些重要项目的行动计划和重点内容。

最重要的是，这些“看门人”的职责就是尽可能地协助上司投入到原计划的工作安排中去，少出意外状况，少受贸然打扰。因为上司时间非常宝贵，所以他们会被授权对打入的电话进行过滤，以免干扰上司。

久而久之，这些“看门人”都练就了一身精湛的本领，能够很轻松地把那些小商小贩和真正能给公司带来利益的专家区分开来。他们会严格地盘问每一位销售者，我们必须过这一关。

别指望依靠“甜言蜜语”和谄媚的技巧来打动他们，在日常行为训练中，他们已练就“金刚不坏”之身，优秀的销售者都不喜欢碰运气，他们的一些行为准则值得我们学习：

（1）不要撒谎，不要掩盖事实

当销售员被行政助理打发到其他部门时，很多人会使用这样的台词“我联系过那个部门，就是部门主管建议我与你上司谈一谈的”，这很明显是在欺骗，一旦你的谎言被戳穿，没有人再会相信你。

（2）不要用胁迫的方式

有一些销售员把这些行政助理和秘书看成是公司随时可以辞退的小跟班，于是尝试用傲慢、胁迫的态度来吓唬“看门人”，他对接线人说“此事关系重大，我需要直接同关键人物谈，请给我接你的上司”，用这样的态度，你并不会吓唬住对方，只会立即被对方列入“不受欢迎”的黑名单。

（3）不要以为就你聪明，别人都是傻瓜

有一些销售员并没有将“看门人”放在眼里，甚至认为对方没什么文化。当被对方问及打电话为何事时，这些销售员就会说“这事有些复杂，你们老总知道的，请让我直接跟他谈吧”，这种说法可能管用，但也只可能管用一次，下次他们不会再相信你。

（4）不要吞吞吐吐，试图隐瞒

这些“看门人”都是久经沙场的老手，如果你在回答他的问题时含糊其辞，那你通关的希望就很渺茫了。这些“看门人”想清楚地知道你是谁，你来自于哪家公司，为什么一定要决策者接电话，如果你没有令人满意的答案，没有充足的理由，那就不太可能见到决策者。

总之，别妄想将一些小技巧和小聪明当作通关密码，或许你能蒙混过关，但下一次你不会再有好运气。

下面，我们准备正式通关，准备好了吗？

首先，如果你确信自己的产品、服务能给客户公司带来巨大的利益，那你和这些“看门人”实际上就站在了一条战线上，你所要做的就是让他们尽快了解你与决策者取得联系的必要性。对于这些“看门人”来说，他们肩负着重要的使命，他们需要判断来访者是否重要。从而判断决策者是否愿意接这个电话。

在这种情况下，他对推销电话格外敏感，言语中一旦有“推销”的蛛丝马迹，他就能马上捕捉到，随后立即开启防御之门，你就会被挡在门外，所以，你怎么对他们说，说什么，要非常谨慎。

记住，不要进行产品解说，唯一有价值的事是关注客户的业务，关注客户的利益，你要将这个价值理念贯彻到底，客户对你的可信度来源于此，你对自己产品的信心、你对自己的信任也来源于此。同时，你需要在决策者面前说什么，就可以在他的“看门人”面前说什么，因为对后者所起的效果是一样的。

当这些“看门人”觉得你是真正关心他们公司的发展，能处处为公司着想，并且很有利于他们公司业务的理由确实能给公司带来利益，那他就会倾向于你这边，即使他知道决策者并不认识你，那也没什么。他们会站在你这边，为你开启与决策者之间的“门”。

通关成功后，别忘了将他们的姓名正确地记录在你的联系人信息系统里，当然能有电子邮箱更好，你可以将一些关键信息发给他们，如果他们愿意，就可以转到决策者手中。

另外，取得信任后，你应向他们多探听些消息，多提问题，如：

如果我想更加清楚地知道你们公司是怎么处理……我应该找谁了解情况呢？

你所在的部门和 ××× 是什么关系呢？

你的上司会怎么处理类似的问题呢？

获得他（决策者）信任的最好方式是什么？

你认为这是你们老总当前最关心的问题吗？

你认为这个议案什么时候提出来比较合适？

在公司里，还有谁参与了这个计划？

在与决策者谈之前，我还需要和其他人再交流一下吗？我希望能把情况了解得更全面些。

了解得越多，对你的销售进展越有帮助。

口才锤炼箴言

与“看门人”对话时，有三个注意点：

1. 提一提推荐你的人，谈谈你关于客户公司的调查和相关的触发性事件来建立你的可信度，让他知道你是一个行业专家而不是一个卖东西的销售员。

2. 针对客户公司所急需解决的问题相应地提供宝贵的商业信息，给出成功的事例来演示你的解决方案，让他了解你打电话的目的。

3. 预示决策者会对此感兴趣并希望知道更多的内容。

7. 制造悬念，吊一吊买家的胃口

被称为“推销之神”的日本人原一平大家都不陌生。他成功的经历数不胜数，我们来看他是如何“成功地激起客户的好奇心”而达成一笔保险的。

有一次原一平拜访了一位完全有能力投保的客户，那位客户虽然表明自己很关心家人的幸福，但当原一平劝说他投保时，他却提出不少异议，并进行了一些琐碎且毫无意义的反驳。

原一平凝视着那位客户说：“先生，您已经对我说了自己的要求，而且您也有足够的力量支付有关的保险费，您也爱您的家人。不过，我好像是对您提出了一个不合适的保险方式。也许‘29 天保险合同’更适合您。”

原一平稍作停顿，又说道："关于'29天保险合同'问题，有几点需要说明一下。第一，这个合同的金额和您所提出的金额是相同的；第二，满期返还金也是完全同额的；第三，'29天保险'兼备两个特约条件，那就是设想您万一失去支付能力而无力交纳保险费，或者因为事故而造成死亡时，则约定'免交保险费'和'发生灾害时增额保障'的条件。这种'29天保险'的保险费，只不过是正常规模保险合同保险费的50%。单从这方面来说，它似乎更符合您的要求。"

那位客户吃惊地瞪大了眼睛，脸上放出异彩："那么，如果根据我的钱包来考虑，比以前所说的就更合适了。可是，所谓'29天保险'到底是什么意思呢？"

"先生，'29天保险'就是您每月受保险的日子是29天。比如这个月是4月份，有30天，你可以得到29天的保险，只有一天除外。这一天可以任由您选择，您大概会选星期六或星期天吧？"

原一平停了片刻，然后再接着往下说："这可不太好，恐怕您这两天要待在家里，按统计来说，家庭这个地方是最容易发生危险的地方。"

原一平看着那位客户，过了一会儿，他又开口了："我在说明这种'29天保险'时说，您每月有1天或2天没有保险，我担心您会想：'如果我死去或被人杀害时将会怎么办？'

"先生，请您放心。保险行业虽然有各种各样的保险方式，但目前我们公司并未认可这种'29天保险'，我只不过冒昧地说说而已。如果是您的话，也一定会想，无论如何也不能让您的家庭处于无依无靠的不安状态。

"我确信，像您这样的人从一开始就知道有一种保险方式，它规定，客户在1周7天内1天不缺，在1天24小时内1小时也不落下，不管在什么地方，也不管您在干什么，都能对您进行保障。您的家人受到这样的保障，难道不正是您所希望的吗？”

这位客户完完全全地被说服了，心服口服地投了费用最高的那种保险。

悬念即好奇心，它是人类一种非常普遍的心理，如果你能够准确地把握并利用这一心理，就能够轻而易举地征服客户并留住客户。魔术表演就是利用人们的好奇心，才会引人入胜，精彩夺目。

销售员如果能够巧妙地利用客户的好奇心去推销，将会大大提高推销的成功率。以上两个案例的成功之处究其原因都是因为商家故意设置“悬念”，吊起了买家的胃口。

原一平先是使用开门见山、直奔主题的推销方法，当看客户不接受时，就“29天保险合同”这个说法激起客户的好奇心，再根据客户的需求进行分析，让客户认可“29天保险”，随后就巧妙地对此进行解释，并把它与自己最初推销的险种作一比较。结果客户权衡利弊得失后，还是选择了最初推销的那种费用最高的险种，顺利拿到客户的订单。出其不意、欲擒故纵也是一种推销方法，往往比开门见山更能促成交易。

口才锤炼箴言

当开门见山、直奔主题的方式遇到障碍时，不妨故意卖个关子，留下点儿悬念给客户，从而引发对方的好奇心，以至于最后主动询问，化被动拒绝为主动接受。在揭示悬念的同时，交易也自然会完成。

8. 换位思考，了解客户真正需要什么

“没有产品的差异化，只有宣传的差异化。”从销售的角度来说，这句话是非常正确的。产品的差异化是制造部门的责任，不是销售员可以控制和改变的。但宣传的差异化确掌控在销售员手中，是可以通过工作改变的。

于是，很多销售员谨遵这一口号，在电话预约客户的时候，从不问客户需要什么，而是问自己能给客户带来什么，在打电话之前，从不有计划地收集客户的资料、了解客户的情况。他们总是匆匆忙忙地打电话，急急忙忙地介绍产品；遭到客户拒绝后，又匆匆忙忙拨通下一位客户的电话。

他们整日忙忙碌碌，收获却不多。聪明的销售员知道与其匆匆忙忙地拨打10位客户的电话而一无所获，不如认认真真做好准备打动一位客户。

销售员要想把产品卖出去，首先就要与客户之间建立良好稳固的关系，要实现这一步，销售员就要做到最基本的一点：从客户的角度出发，要了解客户，知道客户真正需要什么。

（1）考虑客户自身情况，向客户提出真诚的建议。

琳琳是一名化妆品销售员，一次，公司推出一款新品。琳琳就想给自己的几个老客户都通知一下，看谁对这款产品有兴趣。她拨通了第一个客户的电话。

琳琳：“张姐，您好，我是琳琳啊。”

客户：“哦，是你啊。有事吗？”

琳琳："我们公司新推出一款产品，我觉得很适合您，就给您打个电话，您上次不是让我留意的吗？"

客户："哦，这样啊，我知道你说的这款，我不怎么喜欢，要不，你给我拿套那个 ×× 吧，那是大牌子。"

琳琳："我知道您说的这款，其实，姐，这套相对来说贵很多，您可能并不在乎钱，我给您卖贵的，我拿的提成当然也高，但贵的并不一定就适合您，说实话，那款产品，你用的话，因为肤质的关系，我怕您会过敏。我建议您还是不要买。"

客户："琳琳，你真是会为我考虑啊，我信得过你，今天下午到我家来一趟吧。"

琳琳可以说是一名称职的销售员，这样的销售员总是会站在客户的角度思考问题，自然会赢得客户的信任。在电话预约客户的时候，有些销售员以为只要约到客户然后卖出产品就大功告成，也不管产品适不适合客户，其实，这种想法是错误的，忽略客户的需求，即使约到了客户，客户也不一定购买；即使客户购买，当客户意识到你销售给他的是不适用的产品时，你也就断送了回头客。

而相反的是，在第一时间也就是预约客户的时候就考虑客户的要求，会赢得客户的信任，你的工作就能够更顺利地进行，并且你做成的不只是一笔生意，还赢得了一名忠实的客户。

（2）关心客户，让感动后的客户主动帮助你。

安然是一家保险公司的销售员，她的销售业绩一直在公司排第一，这与她总是对客户嘘寒问暖有很大的关系。

一次，她的一名客户在自家门前的巷子里被人抢劫了，损失了几千块钱，还有手机、首饰。这位客户在安然手中买过一份人寿保险，但没有买财产保险。这次客户发生这样的事情，安然担心客户的财产受到很大的损失。因为她知道客户没有买财产保险，这次遭抢一定让这位客户压力重重。

安然赶紧给客户打电话，电话接通后，她就直接问道："您人没事吧？"

接着又问第二个问题："您有什么重大损失吗？"

第三句话是："都怪我不好，当时没有坚持请您购买财产保险，以致今天我不能帮您减少损失，为您分担经济压力，我今天只能为您分担精神压力。"

第四句话是："面对您的遭遇和处境，我非常焦急，也非常心痛，我会尽我所能为您提供帮助。"

安然的几句话让客户很感动，在接下来的一段时间内，安然经常去客户家里陪他聊天，安慰他，并量身为其订制了一份财产保险计划。最后，在不到半年时间内，这位客户购买了这份财产保险。

案例中的安然是一名优秀的销售员，因为她总能从客户的角度出发考虑问题，体谅客户的心情。的确，客户购买产品，其实买的就是一个顺心，如果客户总能感觉到销售员对自己很理解，注重自己的心情和感受，那么客户就会被这种氛围所吸引，进而对产品投入更多的关注。

（3）巧设台阶，给足客户面子。

在美国零售业，有一家知名度很高的商店，它就是彭奈创设的"基督教商店"。彭奈的第一家零售店开设不久，一个中年男子到店里买搅蛋器。

店员问："先生，您是想要好一点的，还是要次一点的？"那位男子听了显然有些不高兴："当然是要好的，不好的东西谁要？"

店员就把最好的一种搅蛋器拿了出来给他看。男子看了问：

“多少钱？”

“120 美元。”

“什么？这么贵！我听说，最好的才六十几美元。”

“六十多美元的我们也有，但那不是最好的。”

“可是，也不至于差这么多钱啊！”

“差得并不多，还有十几美元一个的呢。”

男子听了店员的话，面色更难看了，想立即掉头离去。彭奈急忙走了过去，对男子说：“先生，您想买搅蛋器是不是，我来介绍一种好产品给您。您看一看，式样还不错吧？”

“多少钱？”

“54 美元。”

“照你店员刚才的说法，这个不是次等的吗，我不要。”

“我的这位店员刚才没有说清楚，搅蛋器有好几种牌子，每种牌子都有不同档次的产品，我现在拿出的这一种，质量不错，性价比高，而且体积小，最适合家庭使用。家里有几口人？”

“五口。”

“那再适合不过了，我看您就买这个回去用吧，保证不会让您失望。”

彭奈送走客户，回来对他的店员说：“你知不知道你今天的错误在什么地方？”那位店员愣愣地站在那里，显然还没有意识到自己的错误。“你错在太强调‘最好’这个观念，客户需要的不一定是最好的，他需要的是一个适合他的产品，然而你一开始就把他推到了一个不得不买最好的位置上，让他感觉骑虎难下。假如你想做成一笔生意，就一定先要了解客户的需求。”

的确，有时候，客户的购买能力是有限的，希望销售员可以给自己找一个台阶，从而可以在自己能够接受的范围内选择较好的产品，但有时候由于销售员的话语往往让客户骑虎难下，最终有可能使客户放弃购买。故事中的店员就犯了这样一个错。

可见，每个人在与人沟通的时候，都会有自己的立场，如果与对方的立场相悖，就会形成沟通的对抗。聪明的销售员应该学会和客户站到同一个立场上去，并从客户的角度出发去思考问题。

口才锤炼箴言

销售员在拨通电话前应做多准备工作，了解客户及其身边人的真正需求。抓住客户的切身利益展开说服工作，更容易与客户站在同一个角度。当客户遇到难题时，一位好的销售员可以为客户提供解决办法，为其减少麻烦。

第七章　关键话语留住客户的脚步

营销人员在销售过程中要注意自身的言语和形象，因为你的言行即是公司整体形象的化身。从某种意义上来讲，你就是公司的“窗口”，顾客则是通过“窗口”来看待公司的形象。你留给顾客一个完美的服务形象，不但能让对方加深对公司产品的印象，而且无形中也树立了公司的良好口碑。

1. 针对叛逆顾客：勾起他们购买欲

某家电销售公司的销售员小邵，负责 A、B 两个系列燃气灶的市场推广。一天有个顾客前来咨询燃气灶情况，并想试试不同款式的燃气灶性能。而这时库房里面恰巧没有 A 系列的燃气灶了，在引导顾客进行产品试用的时候，他向顾客解释说：“B 系列的燃气灶您可以试用一下，但是 A 系列的燃气灶在前两天已经卖完了，所以仓库里面没有货了，所以如果您要选择的话，可能就剩下 B 系列的燃气灶了。”

这样说过之后，在这位顾客的心里会产生这样一种想法，那就是“既然 A 系列的燃气灶已经卖完了，就说明 A、B 两个系列的燃气灶相比，A 系列比较好一些”。有了这样的心理，在看过 B 系列的燃气灶之后，顾客更加觉得 A 系列的燃气灶好，但是既然已经没有货了，只能怪自己来得太晚了，于是顾客带着几分遗憾离开了。

过了两天，销售员小邵主动打电话给前两天来看燃气灶的顾客，并兴高采烈地告诉他一个好消息：“您现在可以买 A 系列的燃气灶了，因为今天厂家终于又生产了一批这个系列的燃气灶，而当时我发现您对这个系列的燃气灶也比较喜欢，于是就通知您一下了，您看您还需要购买吗？”

顾客听到这样的消息，十分高兴，有一种失而复得的感觉。既然机会来了，一定要把握住，于是他迅速地与销售员小邵完成了这次销售。

案例中的消费者是一位叛逆型顾客，由于 A 产品缺货，这位消费者就认为是因为A产品卖得好才缺货的，所以无形之中就认为B产品一定不是好货，因此拒绝购买B产品。销售员小邵也十分聪明，他深知，只要A产品来货且顾客还没有购买的话，那么这位顾客一定会继续购买A产品的，于是一个简单的电话提醒，就促成了一桩生意。

想一想，作为消费者，当有人向我们强行推销某种商品的时候，我们会不会很反感，第一反应便是拒绝？而作为销售员，当我们向顾客推销的时候，怎么说他们都不买，而有时候我们决定不卖的时候，他们反而追着要买？这种情况时有发生，到底为什么？

这就是叛逆心理在起作用。人们不会拒绝自己去改变，但大多数情况下一定会拒绝被别人改变。

一般情况下，人们做任何事情都会有自己最初的理解和想法，也会自己通过分析、判断做出决定和选择，在这个过程中一切都是自主的，因为没有人会希望受到别人的指使或限制。

所以，当有人想要改变一个人的想法、决定或要把他的意念强加给这个人的时候，就会引起此人强烈的逆反心理，在这种心理的促使下，他会采取相反的态度或者言行，以保证自我的安全及维护自己的自尊。在心理学中，逆反心理是人们的一种自我保护，是为了避免自己受到不确定因素的威胁而树立的一种防范意识。

在日常生活中，逆反心理几乎是每个人都有的，差别只在于逆反程度的不同。在销售过程中，销售员在大多数的情况下都会遭遇顾客的逆反心理，即销售员越是苦口婆心地推荐产品，顾客就越会拒绝，销售员想要卖掉产品的欲望越强，顾客的逆反心理就越强。

例如，在实际销售中，有很多销售员为了尽快签单，往往采取穷追猛打的策略，一味地介绍产品，劝导顾客购买，以为通过密集轰炸就可以搞定顾客，却不知道这恰恰会起到相反的效果，使顾客产生逆反心理，打定主意不购买。我们知道，在与销售员接触的时候，顾客常常怀有戒备之心，如果此时只是一味强调己方产品如何好、如何实用等信息，顾客反而会更加警惕，因为害怕受骗而拒绝接受。

相反，当顾客的兴趣点或心理需要得不到满足的时候，反而会更加刺激他强烈的需要及想要得到的欲望。越是得不到的东西，人们往往越想得到；越是不能接触的东西，人们反而越想接触；越是保密不让知道的事情，人们也会越想知道。

销售员应紧紧抓住逆反心理强烈的顾客这一鲜明的心理特征，根据实际情况对自己的销售策略及沟通方式做一些调整，利用顾客的逆反心理达到销售的目的。在具体的销售过程中，顾客逆反心理一般有以下几种表现形式：

①反驳。这是在顾客身上最常见的逆反心理表现。顾客往往会故意针对销售员的说辞提出反对意见，让销售员知难而退。

②不发表意见。这种逆反更难以应付，因为在销售员苦口婆心地介绍和说服的过程中，顾客始终保持缄默，态度也很冷淡，不发表任何意见，销售员也就无从反驳或引导顾客。

③高人一等的作风。不管销售员说什么，顾客都会以一句“我知道”来应对，意思是说，我什么都知道，你不用再介绍了。这样的顾客往往会给销售员带来一种很大的压力。

④断然拒绝。在销售员向顾客推荐时，有的顾客会坚决地说：“这件商品不适合我，我不喜欢，让我自己先看看。”

优秀的销售员会第一时间察觉顾客的逆反心理，从而不着痕迹地结束自己滔滔不绝的介绍，改变销售策略，从照顾顾客的感受开始，让顾客的心理得到放松，从而增加销售成功的概率。

对于叛逆型心理的顾客，可以通过“饥饿营销”的方法来勾起顾客强烈的需要及想要得到的欲望，从而促进销售工作的顺利完成。

2. 给你一个购买的理由

没有一个人会买一个对自己来说没有用的东西。他们之所以购买你的产品，肯定有买产品的理由。销售员必须让你的客户明白你所推销的产品会带给他什么用途，即你必须明确地告诉客户：购买产品的理由。

推销活动是买卖双方均得利的公平交易活动，要想达成交易，就得使双方都满意，如有一方受到损失，这项交易肯定不能成功。销售员从交易中得到的好处是谁都明白的，那么你应该让客户知道他能通过购买你的产品得到什么利益。

你必须承认，我们人类天生有懒惰的本性，所以客户不会主动思考你的产品会给他带来什么好处。他要求你向他讲出，而且，这就是考验你的时候，哪个销售员打动了他的心，他就会买哪个销售员的产品。回想一下你的推销经历，是不是觉得确实有那么点儿意思。

人们如饥似渴地盼望不劳而获，或至少有那样的幻想。在推销过程中，你可以利用人们的这种心理，使用一种诱导物。这种诱导物可能是一件很微小的东西———张街道指南、一张公路地图、一个台历———件值不上几美元的东西。但它却对一些价值几千美元的大交易的完成起了推动作用。

喜欢牧羊犬的凯文是一名售楼先生，他常常在出售房屋时带着他的小狗。有一天，凯文碰见了一对中年夫妇，他们正在考虑一栋价值 248000 美元的房子。他们喜欢那栋房子及周围的风景，但是价格太高了，这对夫妇不打算出那么多的钱。此外，也有一些方面——如房间的设计、洗手间的空间等，他们不太满意。

凯文几乎要放弃了，因为销售成功的希望很渺茫，正当那对夫妇打算告别时，那位太太看见了那只小狗，并问："这只狗会包括在房子里吗？"凯文回答："当然了。没有这么可爱的小狗的房子怎么能算完整呢？"

这位太太说他们最好是买。丈夫看见妻子这么喜欢，也就表示同意了，于是这笔交易就达成了。这栋价值 248000 美元的房子的特殊诱导物竟是一只小牧羊犬。

凯文用不同的诱导物——樱桃树或草坪进行试验，来同竞争者的优惠卡相比较。这些诱导物实际上并不值钱，却胜过现实的优点。你怎么都不会想到一只温顺的、会摇尾巴的小狗会促成 248000 美元的一笔大交易。

在杂耍表演的日子中，喜剧演员富瑞克·艾伦回忆着在一个森林城堡中，旅馆的助理经理是一只黑熊。动物提供了那种额外的利益！

想一想聪明的制片者设计这场杂耍表演的思路——以主角开

头，但他们总是要保留一项。在海报的最下面，以大字写着："额外的！附加的！约翰和他的会说话的狗！"一种"不劳而获"的利益。

假如你偶尔遇到推销上的阻碍，那么你就应该考虑是否利用一下诱导物，任何一种能促使顾客购买的东西都说不定就使你成功了。

需要强调的是，销售员既要用事实、逻辑的力量折服顾客的理智，也要用鲜明、生动、形象的语言来打动顾客的感情。

香港一位推销大王说："销售员要打动顾客的心而不是顾客的脑袋，因为，心离顾客装钱包的口袋最近了。"脑袋就是理智，心就是感情。意思是说，销售员要努力用推销气氛来打动顾客的感情，从而激发顾客的购买欲望。

销售员打动顾客感情的有效方法是对产品的特点和利益进行形象描述。就像一句推销名言所说："如果你想勾起对方吃牛排的欲望，将牛排放到他的面前固然有效，但最令人无法抗拒的是煎牛排的'滋'声，他会想到牛排正躺在铁板上，滋滋作响，浑身冒油，香味四溢，不由得咽下口水。""滋"的响声使人们产生了联想，刺激了需求欲望。

一位吸尘器销售员对顾客说："请好好想一想，使用吸尘器，你可以从繁杂的家务劳动中解脱出来，这样，你就可以有更多的时间和精力关心你孩子的学习和进步，辅导他的作业，带他外出散步，和家人一同享受生活的乐趣。"一位推销天蓝色瓷片的销售员一句话打动了顾客："在卫生间铺上这种天蓝色瓷片，你洗澡时就有置身大海的感觉。"

可见，销售员对产品的介绍局限于产品的各种物理性能，是难以使顾客动心的。要使顾客产生购买念头，销售员要在介绍产品的性能、特点的基础上，勾画出一幅梦幻般的图画，以增强吸引人的魅力。

你必须让客户觉得自己占了“便宜”，因为每个人都喜欢占“便宜”。

3. 有效聆听也是推销技巧

得人喜爱、快乐地走向成功之路的人，从来不会忽视他人的意愿，也不会认为强迫他人接受自己的主张是对的。

任何一个人都不喜欢被迫去做这、做那，当有人强迫我们时，我们一定会产生强烈的逆反心理。如果一个人一直发表高论，却不肯听听别人的话，那么我们一定会想：“你尽管说你的长篇大论，关我什么事？”

一个封住别人的嘴巴、只管自己滔滔不绝说话的人，就好比向装满水的容器继续倾注水，唯有让对方将满肚子的话倾吐出来，才能听得进你所说的话。

西谚云：“不为任何言语所惑之人，也必为迷惑自己之言者所惑。”这句话可谓道尽了人类这种奇妙无比的心理。

每一个人都具有强烈的自我主张和表现欲，所以客户高谈阔论，一定比乖乖做一个销售员的听众要过瘾得多。如果有一个人诚恳地听他说话，他一定会对这个人产生好感，因为他觉得找到了知音和尊严。

“我很快发现不能谈论自己，而是让人们向我谈论他们自己。90%的顾客向我推销他们自己——如果我让他们开口讲话的话。他们很高兴卖弄自己的学识，他们很喜欢告诉我关于古董的一些事情，然后他们就会买下商品。后来，我总结了一条达成交易的规律，叫作填补自我。当顾客走进来时，我把东西拿给他们看，作几点评论，然后坐回来问他们有什么看法。他们通常会很露脸、很骄傲地告诉我他们所知道的，在这个过程中顾客对自己有个很好的估计，对我亦是如此。我们的生意以友谊、互利为特色，我填补了自我。”

这段发人深省的肺腑之言出自一位古董爱好者之口，在被人预言 6 个月之内定会破产后，她竟然在两年时间内使古董店投资翻了 50 倍。

若要问推销的诀窍，归纳她的话就是“倾听客人说话”。

所有高明的销售员，都躬身实践这个原则而获得丰硕的成果。百货店的柜台小姐亦同，当客人有所批评或抗议时，与其费尽唇舌说明解释，不如静静地听客人诉说，即使再严重的抗议，我们只要谨守静听的原则，对方就会觉得满足。不是你口若悬河地说，而是尽量让对方说。

“这件事你的看法呢？”

“你想应该怎么做才好？”

当我们如此请教别人时，不仅表示我们承认他的价值，让他有被重视的感觉，同时也满足他喜欢表现的欲望。因此他心里会十分愉快，对这件事情也就兴趣盎然了。

倾听的目的或好处不仅仅是使对方内心愉悦，你也是直接受益者。倾听对方说话，是了解对方内心所想的最简单的办法，静听别人说话，你才能抓住说服对方的重点所在。

只是一味地说，而无重点的说服，就如同手执铁锤，不钉钉子，只敲击旁边的木板一样，有什么意义呢？欲钉铁钉，必须不偏不倚地敲打最重要的地方，否则不是钉不住，就是钉歪了。所以静听别人说话，才能从中掌握住说服的要点，最后把话说到点子上，一举成功。

不过，倾听要求你必须要有耐心。因为推销学家统计指出，我们的说话速度是每分钟 120 ~ 180 个字，而大脑思维的速度却是它的 4 ~ 5 倍。所以对方还没说完，我们早就理解了，或对方只说了几句话，我们就已知道了他全部要说的意思。这时，思维就容易开小差，同时在外表会表现出心不在焉的下意识动作和神情，以致对对方的话语“听而不闻”。

当说话者突然问你一些问题和见解时，如果你只是毫无表情的缄默，或者答非所问，对方就会十分难堪和不快，觉得是在“对牛弹琴”。越是善于耐心倾听他人意见的人，推销成功的可能性就越大，因为聆听是褒奖对方谈话的一种方式，这是会说话的另一种表现。

口才锤炼箴言

做个听众的好处：1. 使对方产生好感，认为自己找到了知音和尊严。2. 满足对方的表现欲望，让事情更好办。3. 倾听才能抓住说服对方的重点所在。

4. 拒绝的托词和应对

“销售始于被拒绝时”是销售员的始祖雷德的名言。确实，你遇到过“嗯！你来得正好！事实上，我正要这些东西。千思万盼，总算把你等到了”这样的客户吗？你肯定没有遇到过，因为人们习惯于拒绝。

“我们买不起。”

“我想多比较几家。”

“太贵了。”

“现在不太合适。”

上面的这些回答，你是不是听得太多了，是不是有一种头大的感觉？所以，我们就应该想想如何应对这些拒绝的托词，因为你如果没辙，那你的推销生涯就完了。

只要客户不拒绝与你对话，你用某些预先设置的提问去“套”他，就会发现拒绝的真正理由。只要你了解了拒绝的真正理由，便可以对症下药，用你已经准备好的一套套的推销语言和技巧去说服他。

如果通过对话了解到，客户拒绝的理由确实是“不需要”，继续向他推销就没有必要了。

推销的对象是那些可能需要，有潜在需求的客户。

与此相反，客户既然有需要，为什么不立即购买呢？这里面情况很复杂，有种种原因抑制了他潜在的需求和购买欲望。

第一个主要原因是，客户可能“没有钱”。但这里又包含了一个识别问题。客户是真的“没有钱”，还是一个借口呢？这就需要销售员的经验了。优秀的销售员能一眼识别客户真没钱还是假没钱。对于真的没有钱，又不能分期付款或搞易贷贸易的客户，要立即中止推销。

第二个主要原因是，客户没有发现自己有这种需求。有很多产品，能给客户带来许多利益，如节约金钱，节约时间，解决各种各样工作、生活中的问题。但是，客户并不知道这个产品能给自己带来这些利益，没有发现自己有这种需求。这类客户是我们进行推销的重点。

第三个主要原因是，客户对产品不了解。这里包括对产品的性能、功能不了解，或者是对产品的质量、生产厂家不了解等。

第四个主要原因是，客户对销售员不信任。因为是第一次见面，对你不认识、不熟悉而产生不信任感；因为穿着、神态表情或讲话时用词不当，引起客户的不满或反感，都可能使客户拒绝购买你的产品。

对于这类客户，销售员最主要的任务是给他们留下良好的印象，与他们建立起良好关系。一旦客户对销售员投信任票，产品的推销也就水到渠成了。

接下来你就应该考虑如何应付客户的拒绝了。比如说：

销售员：“× 经理，您好！我是 ×× 公司的业务经理……”

客户：“哦，你们公司啊，我知道，我知道，东西很不错，价格也很好，但我们目前还没有这种需要。这样吧，要不你留个地址和电话，等我们有需要时和你联系？”

这样的客户，可能是出于习惯，一旦知道你是销售员就马上拒绝你。这时，你必须弄清楚拒绝的真正原因，如果真的是没有需要，你就没有必要和他闲扯，直接挂掉就可以了；如果不是，你就可以这样：

销售员："我只占用你十分钟的时间，向你介绍一下我公司的产品（服务）。到了十分钟，我会准时结束我的谈话。"

这时，你必须注意控制好说话时间，即使时间到了，而你的讲话没有结束，你也要立刻终止，并要求改个时间再谈，一来客户会觉得你是一个信守承诺的人；二来说不定你还可以吊吊客户的胃口呢？

销售员："您好！这是 ×× 牌的 ×××，您看，这是最新的款式，有 ×× 附加功能……"

客户："哦，我们已经有了 ×××，还能凑合用，不需要。"

这时，你可千万不要放弃。世界上任何需求都是创造出来的。你可用一种启发式的口吻说："×× 先生，在我们没有现代交通工具的时候，人们出行靠的不都是马车吗？难道你认为有了马车就没有对汽车和飞机的需求了吗，你是否觉得汽车和飞机比马车更舒适、方便……"这时候，客户就会重新考虑一下。

销售员："×× 经理，您看您对我们的公司非常满意，我们是不是可以考虑签约了？"

客户："但是，×× 万元太贵了，我实在没办法签。"

销售员："那您能不能安排一下，我去和您的老板说……"

在这种情况下，因为客户已经对你很满意了，你只要搞定他的老板，争取同意就可以了。销售员："× 经理，我来过几次了，可是您好像对我们的公司不是很满意。能了解一下究竟是什么原因吗？”

客户：“同类的产品我用过的太多了，没有一个令我满意的，我也没看出你公司的产品比他们好。”

对这种难于对付的客户。你不能硬上加硬地消极回答，这样只会引起客户的反感，因为这样无异于在怀疑他的人格。这时，你可以平静地说：“××经理，我想听一下您对我们产品的看法，希望您能提一些宝贵的意见，我们公司也正要改进产品呢……”你需要做的，只是做客户的“知心大姐姐”，这样才可能赢得客户的信任，不管成交与否，相信你都给这位客户留下了好印象。

最后，有效处理拒绝的关键是仔细倾听潜在客户真正在说什么，你得破译他们真正的意思，深入了解并解决问题。你必须公正地看待问题，如果可能的话，提供证据给客户，不要仅仅依靠语言交流。你可以不说一个字地表达你的想法，学会使用销售工具、辅助手段以及任何可以向客户展示收益的东西。因此，不要过早下结论，认为一旦被拒绝就卖不出去了。

口才锤炼箴言

拒绝的真正意义，在于客户给了你机会去弥补不足并说服他们。充分利用这些机会，穿越拒绝的桥梁和客户走近，你的付出总能得到回报。

5. 投石问路，发现客户的兴奋点

不会提问的销售员，卖不掉产品。因为当销售员见到客户的时候，不一定知道客户是什么情况。《孙子兵法》说，知己知彼，方能百战百胜。摸不清楚对方的情况就贸然进行销售，其结果也是很难摸得清楚的。

这种低效率的事情，聪明人是从来不做的。那么，怎样才能用合适的提问取得销售的成功呢？这就需要启动我们的大脑，投石问路，积极地发现客户的兴奋点。

（1）激起客户的好奇心。

如果仔细观察我们就会发现，优秀的销售员总是不断地开发新客户，而普通销售员却不行。这不是因为优秀的销售员是谈判高手，也不是因为他们更善于接近他人，而是因为他们知道该如何获得客户的时间和注意力。好奇心是打开销售大门的钥匙。提问销售法最不赞成的就是与那些天生对销售员就抱有戒心的客户勉强建立关系，而是设法激起客户的好奇心，赢得他们的时间和注意力，从而开启销售之门。

（2）缩小提问范围来建立可信度。

当我们步入了销售行业的时候，就已经继承了人们对销售员的所有偏见。除非你能证明自己，否则大多数客户都会认为你是没有什么信用的。所以，很多客户往往在还没有搞清楚对方要销售什么的时候，就把我们拒之门外。这就要求我们必须在最短的时间之内建立起自己的可信度。

客户一般都希望自己是在和一个专业人士打交道，而非只会照本宣科的人。他们需要相信销售员能够帮助自己找出问题所在，并给出有价值的解决方案。这就要求我们必须把提问的范围缩小到顾客最需要的范围之内。

最常用的提出会谈要求的技巧就是问："我能问你一个问题吗？"如果客户对于你是谁或者你能为他们做点什么感兴趣的时候，一般都会说"可以"，这样你就获得了提问题的权利。缩小提问的范围，只问客户感兴趣、最关心的问题是销售程序开始阶段建立信用的一种有效手段。一旦你被客户认定为是值得信任的，你就获得了扩大提问范围以发现客户需求的权利。

（3）逐步提升提问重点来发掘客户需求。

销售员必须发现客户需求才能销售成功，因此提问就显得十分重要。虽然我们希望成功发现顾客需求，但又不能让客户感到被信息"塞得太满"而产生逆反情绪。这就要求我们在提问过程中有一个循序渐进的过程，逐步提升提问的"重点"，从而发现客户的需求，提高销售会谈的价值。

在这个过程中，我们可以按照这个程序来探明客户的需求：是否存在销售机会→客户可能面临的困难→这些困难意味着什么→是否存在潜在的有价值的解决方案。

（4）用倾向性的提问获得更多更准确的反馈信息。

在销售的早期阶段，潜在客户对于回答问题持有谨慎态度，这大多是因为销售员此时还没有获得他的信任。但是到了后期，客户可能会仍然对回答问题保持谨慎，这时候是因为他们不愿意谈及某些可能危及自身，或伤害与你建立的业务关系。

无论是哪种情况，对于销售员来说知道事情的进展程度总是有价值的。因为很多问题都是有倾向性的，许多影响销售结果的因素总是处在不停地变化之中，销售机会也总处于游移不定的状态。有时销售会往好的方面进行，有时却会向坏的方向发展。所以销售员在提问时一定要有一个导向性，准确了解自己到底处在销售过程的哪个阶段，还需要怎么做才能完成交易。

（5）推进销售的程序。

销售员要懂得维系与客户的关系，因为极少的策略性销售会在初次拜访中圆满完成，有兴趣立刻做出购买决策的客户太少了。但更可能的情况是，客户对产品非常有兴趣，想了解更多的信息。这时候就需要我们的销售员通过一定的程序来强化客户的合作欲望，这个过程包括以下几个程序：

①引发兴趣。在提问销售法销售过程开始的时候，所有事情都要围绕着引发和巩固客户兴趣来进行。可通过进行销售拜访、贸易秀、讨论座谈会、大量邮寄和特殊演示等方式使客户尽可能地了解更多有价值和能激发他们兴趣的信息。

②销售演示。是否进行销售演示取决于产品本身。在绝大多数销售中，销售演示通常需要伴随着一些活动和情境，这样既可以影响听众，也可以做到信息差异化。

③达成交易。这是购买者和销售员在一起讨论购买时间、条款和达成交易的阶段。我们所要做的就是让客户得出结论：你的产品和服务都是物有所值的。

口才锤炼箴言

"投石问路"销售法与其他销售方法最显著的区别就是，认为销售员不应该试图说服客户做出购买决定。相反的，"投石问路"销售法着重于让客户自己"想要"购买、倾听并回答问题。

6. 欢迎客户的抱怨

抱怨是每个销售员都会遇到的，即使你的产品好，也会受到爱挑剔客户的抱怨。不要粗鲁地对待客户的抱怨，其实这种人正是你永久的买主。

松下幸之助先生认为，对于客户的抱怨不但不能厌烦，反而要当成一个好机会。他曾经告诫部属："客户肯上门来投诉，其实对企业来说实在是一次难得的纠正自身失误的好机会。有许多客户在买了次品或碰到不良服务时，因怕麻烦或其他原因而不来投诉，但却产生了对企业的坏印象，在他与其他消费者交谈时，就有可能给企业带来了坏名声。因此，对有抱怨的客户一定要以礼相待，耐心听取对方的意见，并尽量使他们满意而归。即使碰到爱挑剔的客户，也要婉转忍让，至少要在心理上给这样的客户一种如愿以偿的感觉。如有可能，销售员尽量在减少损失的前提下满足他们提出的一些要求。假若能使鸡蛋里面挑骨头的客户也满意而归，那么你将受益无穷，因为我相信他们中有人会给你做义务宣传员和义务销售员。”

松下幸之助还结合自己的亲身经历讲到这样一件事。有位东京大学的教授寄信给他，说该校电子研究所购买的松下公司产品出现使用故障，接到投诉信的当天，松下幸之助立即让生产这只产品的部门最高负责人去学校了解情况，经过厂方耐心地讲解与妥善地处理，研究人员怒气顿消，而且对方进一步为松下公司推荐其他用户和订货单位。

客户与企业间是一种平等的交易关系，在双方获利的同时，企业还应尊重客户，认真对待客户提出的各种意见及抱怨，并真正重视起来，才能得到有效改进。

在客户抱怨时，认真坐下来倾听，扮好听众的角色，有必要的话，甚全拿出笔记本将其要求记录下来，要让客户觉得自己得到了重视，自己的意见得到了重视。当然仅仅听是不够的，还应及时调查客户的反映是否属实，迅速将解决方法及结果反馈给客户，并提请监督。

客户意见是企业创新的源泉，很多企业要求其管理人员都去聆听客户服务区域的电话交流或客户反馈的信息。通过聆听，我们可以得到有效的信息，并可据此进行创新，促进企业更好地发展，为客户创造更多的经营价值。

当然，还要求企业的管理人员能正确识别客户的要求，正确地传达给产品设计者，以最快的速度生产出最符合客户要求的产品，满足客户的需求。

在一次进货时，某家具厂的一个客户向其经理抱怨，由于沙发的体积相对较大，而仓库的门小，搬出搬进很不方便，往往会在沙发上留下划痕，客户有意见，不好销。要是沙发可以拆卸，也就不存在这种问题了。

两个月后，可以拆卸的沙发运到了客户的仓库里。不仅节省了库存空间，而且给客户带来了方便。而这个创意正是从客户的抱怨中得到的。

国庆节期间，一位客户申请安装一部固定电话，一切都按客户的要求进行安装。可不知哪个环节使这位客户不满意。在重新安装时，他又有抱怨，而且说了好几句难听的话。在场的装机维护中心的主任一言不发，静静地看着那位客户，不气不恼，样子很像认真聆听的小学生。

足足半小时，客户累了，终于歇了口，看着不动声色的主任，开始为自己的举动而内疚。他对主任说："真不好意思，我的脾气不好。被我这样吵闹，你还不在意。"主任说："没事，没关系，这些都是你的真实想法，我们会虚心接受的。"

事情过去后，出人意料的是，这位客户又陪朋友到电信局申请安装一部电话。现在主任和他还成了好朋友。

所以当你与客户发生意见分歧时，不妨耐心聆听客户的意见和抱怨，不要害怕自己会失去面子。失去面子往往能赢得面子，赢得尊重，最终赢得客户，赢得生意。

口才锤炼箴言

欢迎客户的抱怨是推销过程中处理客户抱怨的基本态度。松下幸之助说："客户的批评意见应视为神圣的语言，任何批评意见都应乐于接受。"正确地处理客户抱怨具有吸引客户的价值。

7. 会说话的人让人笑，不会说话的人使人跳

古人云："一言可以兴邦，一言也可以误国。"苏秦凭三寸不烂之舌而身挂六国相印，诸葛亮靠经天纬地之言而强于百万之师。

传说古代有一位国王，一天晚上做了一个梦，梦见自己满嘴的牙都掉了。于是，他就找了两位解梦的人。国王问他们："为什么我会梦见自己满口的牙全掉了呢？"第一个解梦的人就说："皇上，梦的意思是，在你所有的亲属都死去以后，你才能死，一个都不剩。"皇上一听，龙颜大怒，杖打了他一百大棍。

第二个解梦人说："至高无上的皇上，梦的意思是，您将是您所有亲属当中最长寿的一位呀！"皇上听了很高兴，便拿出了一百枚金币，赏给了第二位解梦的人。

同样的事情，同样的内容，说不同的话，却能让一个人生，也可能让另一个人死；一个挨打，另一个却受到嘉奖。两种完全不同的结果，象征着是两种不同的人生轨迹和命运。

生活中，每个人都有自己的说话的方式，然而失败的人生可以有千万种，成功的人生却都不尽相同。如果说，"相由心生"说的是一个人的面相可以看出性格。那么，一个人只要一张嘴说话，往往就能听这出个人的处事能力与做人的境界。

第一种境界：开口就杀人

所谓开口就杀人，就是一开口就会伤人。这个世界上，有一种人说话直来直去、嘴上毫无遮拦，我们称这种人为炮筒子，这种炮筒子的人说话往往不进行认真的思考，想说什么就说什么，

既不分场合地点，也不分男女老幼，更不考虑自己的话是否让对方接受，想放炮就放炮，嘴上虽然痛快，却在有意无意中伤了许多人的感情。

炮筒子与直爽不同，直爽的人虽然说话不拐弯抹角，但绝无欺骗，要弄他人之心。而炮筒子的人则是信口开河，不负责任地攻击别人，不顾及影响。这种人说话只顾嘴痛快乐，不顾他人内心痛苦。

第二种境界：开口就烦人

有一则笑话是这样说的：有一位长得略胖的妇人一进服装店，售货小姐就对她说：大娘，你太肥了，我们没有您可以穿的衣服。这位太太正想反驳，小姐又加了一句：其实老了还是胖一点好。

这位妇人气得不知如何发作才好，此时老板娘从后面走出来，这位太太马上告状：我今天是招谁惹谁了，怎么才进店，就被你们店员说我又胖又老。老板娘很不好意思地赶紧赔不是，却是二度伤害，因为她说：我们这店员是从乡下来的，特别不会说话，但说的都是真话。

说话直来直往的人说自己是说真话没有坏意，但也容易伤人。现实生活中，很多人的性格是心直口快，没有城府，从不拐弯抹角。

时候这样的人会很受欢迎，因为人们觉得他率直，交往起来很轻松，可是有时候这样的人却很让人头疼，因为他总是无意中伤害别人，常常把人弄得下不来台却毫无察觉，你怪他吧，他是无意；你不怪他吧，他又屡次让你恼火。这样的家伙真是让人头疼。

北宋时期的寇准，吃尽了说话过于直爽的苦头。《资治通鉴》记载了一个故事：一次会餐，不小心寇准的胡子沾了汤汁，丁谓站起来慢慢替他擦干净。寇准讽刺说，你身为国家大臣，就是替领导擦胡须的吗？丁谓自此记恨寇准。

寇准的话看上去是玩笑，但实际上却是一种过于直爽的讽刺挖苦。自此，丁谓全力诋毁寇准，并且和王钦若、曹利用等同样受过寇准谩骂、讽刺、挖苦的大官结成同盟，共同对付他，经常在皇帝面前说寇准的坏话。

最后连皇帝也觉得寇准不会讲话了，寇准政治生命也随之结束，一而再，再而三被流放，直至客死雷州。寇准的悲剧，根源就是没有管好自己的口，说话太直。

也许你会说，我本来就性格直爽，实在讨厌拐着弯说话。如果你平时说话太直，那么现在教给你一个办法：开口之前试着先问自己三个问题：这是真的吗，这是善意的吗，这是有必要的吗？这三个问题就是佛教中所说的开口的三扇门。提出这些问题作用，至少能在开口之前给自己一点思考的时间，而这短暂的时间足以给你省掉很多麻烦。

第三种境界：开口就服人

《战国策》里有一个《触龙说赵太后》的故事。说的是赵太后刚刚执政秦国就急攻赵国，危急关头，赵国不得不求救于齐，而齐国却提出救援条件，是让长安君到齐国做人质。

溺爱孩子、缺乏政治远见的赵太后不肯答应这个条件，于是大臣竭力劝阻，惹得太后暴怒，“有复言令长安君为质者，老妇必唾其面”。

面对此情此景，深谙说话艺术的左师触龙并没有像别的朝臣那样一味地犯颜直谏，而是察言观色，相机行事。他知道，赵太后刚刚执政，缺乏政治经验，目光短浅，加之女性特有的溺爱孩子的心理，盛怒之下，任何谈及人质的问题都会让太后难以接受，使得结果适得其反。

所以触龙避其锋芒，对让长安君到齐国做人质的事只字不提，而是转移话题。先问太后饮食住行，继之论及疼爱子女的事情，最后大谈王位继承问题。不知不觉之中，太后怒气全消，幡然悔悟，明白了怎样才是疼爱孩子的道理，高兴地安排长安君到齐国做人质。

其实说话技巧再高，它高不过“理”字。言论一定要合理，要让别人能接纳领受，要有信用，要令人无懈可击。触龙的话之最终所以能够让赵太后欣然信服，愿意安排长安君到齐国做人质，关键在于他能够在动之以情的基础上，以理服人。

谁不疼爱自己的孩子，爱孩子就要为孩子考虑的长远一些，就要让孩子有立身之本，不要仅仅依靠权势、父母。站在客观事实的角度，触龙步步诱导，旁敲侧击，明之以实，晓之以理，全部对话无一字涉及人质，但又句句不离人质。迂回曲折之中尽显语言奥妙，循循善诱之余凸现事情必然。

第四种境界：开口就乐人

当一个人用生命去说话。这种境界的人很少说，也不需要说什么。你只在他身边停留片刻，他什么也没有说，一点声音也没有发出来。

可是在你今后的日子里你会一点一点地发现其实他说了很多。其实他离以理服人并不远，只是前者是搭售强卖，而后者是免费赠送，并且当你拿到了东西还不知道。等你知道自己受益了，想去感谢他的时候，他只已经飘然远去。甚至他都不是刻意的要给你什么，甚至也不知道自己给了你什么，所以说你大可以把这一切都当作是你自己的感悟所得。

这就像是部好的电影，每个人看完都会有不同的感悟与心得，但电影里却没有把这些感悟与做人的道理强加给你。

说话的最高境界就是“天人合一”，真正的大师应该是从深层的心灵的角度与你交流，是一种情感的沟通，这时的语言可能是最普通、最不起眼的，却也是最朴实、最能打动人的，正所谓真水无香，真爱无痕。

这像是一种返朴归真的境界，或许他的语言，明明说起来一点都不花哨，却能直直的渗入人的心坎里，能够恰如其分的表达，而没有多余的赘述。他们阅历丰富，且极有涵养、极有悟性，能够推己及人，他们的话是出于自身的一种积累，一种提升，能让周围的人都听得进去并且无比信服。简而言之，说什么话别人都愿意听。

在与客户沟通中，要尽可能地避开对方的短处，这也是销售成功与否的关键之一。如果你老是把眼光盯在别人的短处上，总是将别人的短处当成攻击的对象，那么只会出现两种情况：一是对方不愿意再与你交往。如此一来，你的客户会越来越少，别人都躲着你、避开你，不与你计较，直到剩下你自己孤家寡人一个。二是对方也对你进行反击，揭露你的短处。这样势必造成互相揭短、互相嘲笑的局面，进而发展到互相仇视。如此，你的销售便会彻底失败，你在客户的印象和评价中也不可能好到哪里去。

但凡有短处的人都怕人提及。在沟通时，你一方面要尽可能地避免提及对方的短处，另一方面也完全可以从真正关心对方的角度出发，善意地为对方出谋划策，使他的短处变为长处，或者使他不为自己的短处而自卑，那么，你同样会得到对方的认可，而且还会因此得到对方的信任乃至感激。

不要将他人的短处放在嘴边，即使非说不可，也可以变通一下再说，这是一种口才技巧，也是获得友谊的技巧。俗话说："会说话的人让人笑，不会说话的人使人跳。"这就是语言的变通所能达到的不同效果。

8.谨慎言辞，这些话不能脱口而出

销售行业，就是靠嘴吃饭，有些销售员业绩平平，不是因为不努力，而是因为不会说话；而相反，有些销售员，轻而易举地完成销售工作，是因为会说话。

同样，在电话预约客户的过程中也是如此，连接客户与销售员的只是一根电话线，如何让客户喜笑颜开，更考验了销售员的口才。但销售员在表现自己口才时，千万要记住，不能口无遮拦，要切记不该说坚决不说，因为一旦触及客户的禁区，就意味着你的预约乃至整个销售任务的失败。那么，哪些话客户能不能在电话里轻易说出口呢？

（1）带有攻击意味的话。

小陈是一家首饰包装盒生产商的销售员。

最近，他接了一笔生意，看时机成熟，他准备向客户提出成交要求。于是，他打电话询问。但没想到，客户经理此时却表示，商店里还有一批礼品盒没用完，把那批用完后一定来订货，答应最迟一个月就会订货。小陈此时被客户突如其来的变卦弄得很不快，但考虑之后，还是觉得要从长远考虑，因此，极力控制了自己情绪，并没有表现出来，而是欣然接受了。

但一个月后，当小陈再次打电话过去询问签约事宜时，对方却表示，有意购买另一家更便宜的包装盒。客户出尔反尔，小陈心里很不痛快。但小陈心想，即使再有情绪，也不能生气，否则这笔生意就真的泡汤了。于是，他深呼吸了一口气后，与客户进行了新的一轮周旋。

电话里，小陈说："哦，可以冒昧问一下是哪家公司那么荣幸能和贵公司合作吗？"

客户："A 公司。"

小陈："不错，据我所知，A 公司的礼品盒确实比较便宜。但是，刘经理你想过没有，像贵公司这么有品位的珠宝商，当然需要配档次相符的礼品盒，否则很难突出贵公司珠宝的优越品质，您说呢？"

客户："当然……"

小陈："我想如果为了价格便宜而影响贵公司珠宝在客户心中的完美品质，这是非常不值得的，您说是吗？"

客户："也是，不过他们的礼品盒也不错……"

小陈："对，他们的质量也不错，但是您要知道卖珠宝的 B 公司就是用的这家工厂的首饰盒，但是 B 公司的珠宝品质是无法与贵公司相提并论的，而我们公司的宗旨和贵公司一样，品质决定一切，所以，我建议您再考虑考虑。"

客户："嗯，你说得也对。"

小陈："那您看您还有什么疑问或顾虑吗？"

客户："没有了。"

小陈："那您看我们什么时候把合同签了吧？"

客户："那就明天吧！"

案例中，小陈之所以能挽回销售局面，让客户重新决定购买自己的产品，就在于他能控制自己的情绪，客户先后以各种借口拒绝购买，他不但没有与客户争执，而是耐心、细心地劝说客户。

电话预约客户，全看销售员在电话中与客户沟通的效果。有些销售员因为工作、生活中的一些问题，在拨通电话的时候，带有情绪，或者生活中本身就语言犀利，于是，客户就被销售员当成了语言攻击的对象，其实，当销售员一旦说出此类语言时，整个预约乃至整个销售任务就宣告失败，因为客户是上帝，无论何时客户总是对的，尊重客户更是一些销售工作的前提。

（2）伤害客户感情的话。

杨凡是一名刚毕业的大学生，因为公司正缺人手，于是赶鸭子上架，他就被公司安排到汽车销售的一线，成为一名汽车销售员。有一次，前辈介绍给他一个潜在客户，让他打电话预约一下，公司正有一批库存车急需处理。

当他还没开口问客户要不要买车，客户倒给他出了一个难题："我这手上还有一辆旧车呢，真不知道怎么处理，要不，你帮我卖了吧？"

杨凡一下子不知道怎么接下面的话了。他想："一辆破车还能值几个钱，搞不好那辆车轮胎已经磨损得不像样了，发动机工作时的杂音也很大，车里的气味也许很难闻，哪儿能卖得出去啊，要不问一下这车是什么时候买的。”

杨凡就是这么想的。可是他又一想，因为这是客户的车，客户可能很喜爱这辆汽车，毕竟开了这么多年，多少会有点感情。即便不喜欢这辆车，但也只有客户自己有资格来批评这辆车。如果我先开口说这辆汽车如何如何糟糕，这无疑是在侮辱汽车的主人，不知不觉中已经伤害了客户的自尊心。这样一来，还能向客户销售吗？

想想这些，杨凡对那位客户说：“不管怎么样，这车都陪您那么多年了，您何必把自己的一个老朋友卖了呢，如果它的性能已经有些问题了，你可以再买一辆车，权当是它的接班人吧。”

客户一听，这小伙子说话太中听了，是个会从别人角度想的人，就主动要了杨凡的手机号。

很多时候，电话预约是销售活动的前期工作，在这个时期，只有与客户相处愉快，成功约到客户，才有可能完成销售任务，销售员杨凡的聪明之处，就是从客户的角度去想问题，然后把不该说的话咽了回去。要知道，如果他实话实说，那么必定会伤害客户的感情，销售活动也就难以进行下去。

（3）粗鄙、污秽的话。

精炼、专业是每个销售员最基本的语言要求，同时，还要求销售员说话时要注意场合，生活中，可以随意一些，但在与客户沟通尤其是电话预约客户的时候，一定要表现出自己的良好的素质，切不可“出口成脏”，或言辞中夹杂污言秽语，毕竟，语言代表的是一个人的素养和形象问题，而作为销售员，你的形象是和产品挂钩的。

总之，作为销售员，我们始终要谨记，客户是我们的上帝，客户永远是对的。我们随时都要保持良好的销售态度，面对销售中的种种状况，我们都要拿出耐心和诚意，心平气和地与客户沟通，才能让销售变得顺利。

口才锤炼箴言

常说一些礼貌用语，要给你的准客户留下一个好的印象，可以在电话里使用一些礼貌用语，比如“请”“谢谢”“对不起”“您”等。假如客户所说的某些话是错误或不真实的，销售员绝不能直接反驳，那会让客户很没面子，甚至对你大动肝火。尊重客户的隐私：在打电话的过程中涉及客户隐私的话题是绝对不能提及的，这些涉及隐私的话题有收入、家庭、婚姻等。